北京外国语大学 编

Intern

Chinese

Language

Education

U0616620

国际汉语教育

动态·研究

2011　第四辑

外语教学与研究出版社
FOREIGN LANGUAGE TEACHING AND RESEARCH PRESS
北京　BEIJING

图书在版编目(CIP)数据

国际汉语教育动态·研究. 2011. 第 4 辑/ 北京外国语大学编. — 北京：外语教学与研究出版社，2012.5
ISBN 978-7-5135-2060-7

Ⅰ. ①国…　Ⅱ. ①北…　Ⅲ. ①汉语—语言教学—丛刊　Ⅳ. ①H19-55

中国版本图书馆 CIP 数据核字 (2012) 第 115096 号

出　版　人：蔡剑峰
责任编辑：刘虹艳
封面设计：张　峰
出版发行：外语教学与研究出版社
社　　　址：北京市西三环北路 19 号 (100089)
网　　　址：http://www.fltrp.com
印　　　刷：北京京科印刷有限公司
开　　　本：787×1092　1/16
印　　　张：6.5
版　　　次：2012 年 6 月第 1 版　2012 年 6 月第 1 次印刷
书　　　号：ISBN 978-7-5135-2060-7
定　　　价：15.00 元
*　　*　　*
购书咨询: (010)88819929　　电子邮箱: club@fltrp.com
如有印刷、装订质量问题，请与出版社联系
联系电话: (010)61207896　　电子邮箱: zhijian@fltrp.com
制售盗版必究 举报查实奖励
版权保护办公室举报电话: (010)88817519
物料号: 220600001

目录

Contents

开 卷 语

时光匆匆,在本辑《国际汉语教育》出版的同时,2011 年也即将画上句号。回首即将过去的一年,国内外汉语教育事业蓬勃发展,各种学术会议令人目不暇给。在海外,有美国、法国等多国汉语教学年会;在国内,有国际汉语教学学术研讨会、国别化教材国际研讨会,以及"面向多元需求的国际汉语教育"国际研讨会、国际汉语教师培养论坛等应对汉语教学新形势的各层面、各角度学术会议。每场会议都是学者云集,座无虚席。为了追踪国际汉语教育发展的动态,收集第一手资料,《国际汉语教育》始终活跃在各种学术活动的现场,体会着国际汉语教育发展激情的脉搏,分享着广大汉语教育工作者耕耘的硕果。

本辑特稿继续连载张西平的《简论中国国家外语能力的拓展》一文。张教授指出,国家利益在全球的拓展必然带来国家语言能力的拓展,对中国而言,首先是要提高汉语的国际化程度,提高汉语的国际影响力,同时,还应扩展国家的外语能力,即运用外语发展国家和研究人类多样文明的能力。放眼世界大国,美、英、法等无不如此。这不禁引发我们的深思:作为一个崛起中的大国,中国究竟应该如何规划国家的语言政策?如何提高国家的综合语言实力?在这一过程中,汉语应当扮演什么样的角色,达到什么样的目标?我们应该如何从其他国家的做法中吸取经验,服务于当代中国的发展?中央民族大学著名语言学家戴庆厦教授强烈呼吁建立"语言国情学"学科,对于当今的中国来讲,无疑是十分必要的。实际上,"语言国情"所涉范围甚广,不仅包括中国国内普通话、方言、少数民族语言、外语的情况以及相互关系,还应包括中国语言在世界传播的情况,以及同各国本族语、主要外语之间的接触、竞争、相互关系等复杂多样的问题。而在这些方面,我们所做的研究、掌握的第一手资料还远远不够。

以上的思考也提示我们,国际汉语教育研究要兼顾宏观研究和微观研究,既从国家民族整体发展的角度探讨汉语教育的意义,也从微观操作的角度探索具体问题和解决办法,决不能把国际汉语教育研究局限在精雕细刻的象牙塔里。故此,本辑刊登的文章也力求兼顾宏观视角和微观视角,如"汉语国际教育人才培养"板块,既有《从中法对比视角探索国际汉语教师"国别化"培养思路》的宏观研究,也有《对拟赴海外汉语志愿者教师教案设计及培训的思考》的微观研究;又如"国际汉语教学透视"板块,吴星云的《美国威斯康星大学中文教学初探——当代美国汉语教学的个案研究》从威斯康星大学的发展历史和现状出发,全面分析了其中文教学的特点,可谓麻雀虽小,五脏俱全;另有几篇微观研究从语音、语法、汉字等不同角度探讨了一些具体的教学问题。

他山之石,可以攻玉。在借鉴国外经验方面,我们很高兴地向读者推荐吴继峰和王健昆的《AP中文考试特点分析——兼与新汉语水平考试（HSK）比较》。该文基于作者在美国参与AP测试的亲身实践，向我们展示了AP中文测试的全貌，通过对连续5年试题的分析总结出该考试具有重文化的理解、重语言的综合运用、基于任务的测试观、紧扣5C、三种交际模式并重等特点，并将该考试与新HSK口试进行了对比分析。作为近年来美国十分热门的汉语测试，AP中文测试成功的经验值得我们国内的汉语教育同仁学习和借鉴。在中国文化传播和汉语教育史方面，吴丽君的《飞鸟时代至平安时代汉语汉文化在日本的传播》和高永安的《清代前期西方人学习汉语的理念与方法初探——以瓦罗〈华语官话语法〉所记为例》分别从海外传播和教学方法的角度，分享了隋唐和明清时期外国人学习汉语和中国文化的情况，适宜读者各取所需，汲取营养。

2011年10月22日，由北京外国语大学中国语言文学学院主办、北京外国语大学汉语国际推广多语种基地协办的"2011年国际汉语教育与推广高层论坛"隆重召开。本刊"信息与述评"及时刊登了本次论坛的报道，并将在明年陆续刊登论坛上专家们精彩的主题发言，敬请期待。

愿登最高塔，眼界穷大千。《国际汉语教育》像一棵树苗，在作者、编者和读者们的共同浇灌之下，已茁壮成长了九个年头。道一声感谢，言轻意重。感谢一直关心和陪伴杂志发展的领导、专家、作者和读者朋友们，感谢编者的辛勤工作。《国际汉语教育》将以更加自信的姿态迈向新的一年，让国际汉语人的声音传得更高、更远。

本刊编辑部
2011年12月

简论中国国家外语能力的拓展
（连载二）

张西平

提　要　本文从中国国家利益扩展的角度提出中国国家外语能力的拓展问题。全文围绕这个主题，研究了目前我国国家外语能力存在的问题，并对西方国家外语能力的形成和特点进行了初步的研究。根据西方国家外语能力发展的新特点，笔者对如何加强我国国家外语能力提出了建议。

关键词　国家外语能力　国家利益　非通用语

三、加强非通用语建设已经成为提高国家外语能力的关键

国家外语能力的提高目前面临着诸多方面的问题，但在笔者看来，我国国家外语能力中最薄弱的环节是非通用语能力。据初步统计，全国已经开设的非通用语种有 53 种。北京外国语大学共开设 49 种外语，其中非通用语 48 种①。目前北外和欧盟合作，已经开设了欧盟 23 种官方语言中的 22 种，分别为捷克语、丹麦语、荷兰语、英语、爱沙尼亚语、芬兰语、法语、德语、希腊语、匈牙利语、意大利语、拉脱维亚语、立陶宛语、马耳他语、波兰语、葡萄牙语、斯洛伐克语、斯洛文尼亚语、西班牙语、瑞典语、保加利亚语、罗马尼亚语，另外北外还开设了阿尔巴尼亚语、塞尔维亚语、克罗地亚语、挪威语、冰岛语等其他欧洲语言。

北外亚非学院开设的亚非语言有 17 种，分别是泰语、柬埔寨语、缅甸语、老挝语、越南语、马来语、印尼语、菲律宾语、韩语、土耳其语、希伯来语、波斯语、印地语、乌尔都语、僧伽罗语、豪萨语、斯瓦希里语。

如果从中国国家利益的战略角度来看，目前我们在国家外语能力上，特别是在非通用语的教学和研究上有两个问题是很突出的，这两个问题如下。

1. 非通用语种类的开设跟不上国家的需要

从以上的介绍中我们可以看到，同西方老牌强国相比，我们在外语语种的数量上，特别是在非通用语的种类数量上有着较大的差距，这样的差距反映了我们尚未根据国家的战略利益来安排自己的外语能力建设，来安排非通用语的建设和研究。

为配合国家的外交政策，我国的外语能力建设应与其相配套。但实际上我们的外语语种数量，特别是非通用语的语种数量和国家的外交战略还不配套，而且还相差甚远。

1.1 我们可以从周边国家来看。

苏东剧变以来,中亚成为一个新的战略要地,中亚概念从地域上说包括哈萨克斯坦、吉尔吉斯斯坦、土库曼斯坦、乌兹别克斯坦、塔吉克斯坦五个国家。由于历史及其在地缘政治、地缘经济上的特殊地位,中亚成为很多国家政治和利益的交会点,一些地缘战略家们把这一地区看作是欧亚大陆的心脏地带。

中亚的语言分属于阿尔泰语系的突厥语族和印欧语系的伊朗语族。属于突厥语族的语言有哈萨克语(Kazakh)、吉尔吉斯语(Kyrgyz)、鞑靼语(Tatar)、土库曼语(Turkmen)、乌兹别克语(Uzbek)等;属于伊朗语族的语言有塔吉克语(Tajik)、波斯语(Persian)等。另外在中亚使用的语言还有俄语(Russian)、汉语(Chinese)、蒙古语(Mongolian)、藏语(Tibetan)等。

哈萨克斯坦使用的语言主要有哈萨克语(Kazakh)、吉尔吉斯语(Kyrgyz)、鞑靼语(Tatar)、乌兹别克语(Uzbek)、俄语(Russian)、维吾尔语(Uyghur)等,其中哈萨克语(Kazakh)是哈萨克斯坦的官方语言,俄语为哈萨克斯坦的通用语言。乌兹别克斯坦使用的语言为乌兹别克语(Uzbek)、俄语(Russian)、塔吉克语(Tajik)、哈萨克语(Kazakh)、鞑靼语(Tatar)、卡拉卡尔帕克语(Karakalpak)、吉尔吉斯语(Kyrgyz)、乌克兰语(Ukrainian)、土库曼语(Turkmen)等,其中乌兹别克语(Uzbek)为官方语,俄语为通用语。在吉尔吉斯斯坦,吉尔吉斯语为国语,俄语为官方语,两种语言均为通用语言。塔吉克斯坦主要使用三种语言——塔吉克语、乌兹别克语和俄语,塔吉克语是塔吉克族的民族语言,也是这个国家的官方语言。在土库曼斯坦,土库曼语为官方语言,俄语是通用语言。

中国在中亚地区的重大外交进展是"上海合作组织"(简称"上合组织",俄语:Шанхайская организация сотрудничества,ШОС)的成立。这是中国、俄罗斯、哈萨克斯坦、吉尔吉斯斯坦、塔吉克斯坦和乌兹别克斯坦六国组成的一个国际组织。另有观察员国:蒙古国、伊朗、巴基斯坦、印度。工作语言为汉语和俄语。上海合作组织成员国总面积为3018.9万平方公里,约占欧亚大陆总面积的五分之三,人口约16亿。上海合作组织是首个在中华人民共和国境内宣布成立、首个以中华人民共和国城市命名的国际组织。上海合作组织现有两个常设机构,分别是设于北京的秘书处和设于乌兹别克斯坦首都塔什干的地区反恐怖机构。上海合作组织是中国近年来在周边外交上的重大进展。这个机构对于中国的战略发展和国家安定具有重要的战略性意义。苏联解体后,中亚五国虽然仍将俄语作为通用语言,但已经公布将主体民族语言作为国家官方语言,但至今国内高校仍未将中亚五国的国家语言列为高校非通用语建设的内容。这种外语专业开设的滞后显然已经不符合国家的战略利益。

我们再看南亚,南亚是中国周边对中国有着重要战略意义的地区,抗日战争期间,中国与外部世界的最后通道就是南亚地区。在南亚国家中印度是一个大国,目前是"金砖国家"的成员。尼泊尔是中国的近邻。巴基斯坦是中国的老朋友,是一个人口过亿的南亚大国。南亚在中国的地区战略中具有重要的地位。"第一,从地理条件看,中国是南亚最大的邻国,与四个南亚国家(巴基斯坦、印度、尼泊尔、不丹)拥有几千公里的共同边界,而南亚是中国周边地区中陆上邻国最多的一个地区。第二,从政治和安全角度看,所有的南亚国家都是发展中国家,处于中国的周边地区,是中国周边环境的一部分,对中国西南地区的安全和稳定有直接的影响。第三,从经济角度看,南亚地区对中国西部开发和确保能源安全有重要的意义。第四,南亚两个主要大国印度和巴基斯坦在中国外交中的地位不可低估。一方面巴基斯坦是中国与伊斯兰世界发展关系的重要桥梁和维护南亚地区战略平衡的主要力量,另一方面,印度不仅是中国的邻国,更是崛起中的亚洲乃至世界大国,中国必须妥善处理与其边界争端和重视其在亚洲的作用。印巴对立是中国安全环境中的一个潜在不稳定因素,两国又都拥有核武器,一旦其对立和对抗上升为冲突,将对中国外交形成重大挑战。"②

但对于对中国如此重要的战略性地区,我们在相关外语能力的培养和掌握上却远远跟不上国家的需要。我们知道南亚地区包括印度、巴基斯坦、孟加拉、尼泊尔、斯里兰卡、不丹和马尔代夫 7 个国家。其中在印度,英语和印地语并列为官方语言;在巴基斯坦,国语是乌尔都语,官方语言是英语;在孟加拉,孟加拉语为国语,英语为官方语言;在尼泊尔,官方语言是尼泊尔语,英语也是通用语言;斯里兰卡,官方语言是僧伽罗语、泰米尔语和英语;不丹,官方语言为不丹语即宗卡语(Dzongkha)和英语;马尔代夫,官方语言为迪维希语,上层社会通用英语。目前我国高校开设的南亚语言只有印地语、乌尔都语、僧伽罗语三种,而对国家也有重要战略意义的尼泊尔语等语种所有高校都未开设,显然这是和国家外交需要有着很大差距的。

另外,印度对中国来说是一个极其重要的国家,它不仅和中国有着深厚的历史文化关系,同时,印度和中国一样,也是新兴发展中国家,其与中国的关系将会影响整个世界。印度虽然国家官方语言是印地语,其实在其国内存在着多种语言,各个邦也有着自己的官方语言。例如,阿萨姆邦的官方语言之一是阿萨姆语,特里普拉邦与西孟加拉邦的官方语言是孟加拉语,阿萨姆邦官方语言之一是博多语,查谟—克什米尔邦的官方语言是多格拉语,达德拉—纳加尔哈维利、达曼—第乌和古吉拉特邦的官方语言是古吉拉特语,卡纳塔克邦的官方语言是卡纳达语,果阿邦的官方语言是孔卡尼语,比哈尔邦的官方语言之一是迈蒂利语,喀拉拉邦和拉克沙群岛的官方语言是马拉雅拉姆语,曼尼普尔邦的官方语言是曼尼普尔语,马哈拉施特拉邦的官方语言是马拉地语,锡金邦的官方语言是尼泊尔语,奥里萨邦的官方语言是奥利亚语,

旁遮普邦以及印度其他旁遮普地区的官方语言是旁遮普语,泰米尔纳德邦和本地治理的官方语言是泰米尔语,安得拉邦的官方语言是泰卢固语,查谟—克什米尔邦的官方语言之一是乌尔都语。作为印度官方语言的印地语,其实原是安达曼和尼科巴群岛、比哈尔邦、昌迪加尔、恰蒂斯加尔邦、德里、哈里亚纳邦、喜马偕尔邦、恰尔康得邦、中央邦、拉贾斯坦邦、北方邦和乌塔兰契尔邦的官方语言。

在印度还有一些使用人口超过 500 万但却非官方的语言,例如阿瓦德语、比尔语、博杰普尔语、Bundeli 语(通常被视为印地语的一个亚种)、恰蒂斯加尔语(恰蒂斯加尔邦语言,通常被视为印地语的一个亚种)、贡德语(贡德部落)、哈里亚纳语(哈里亚纳邦语言,通常被视为印地语的一个亚种)、印度斯坦语(印地语和乌尔都语的混合语,流行于印度北部地区)、Kanauji 语(北方邦语言,通常被视为印地语的一个亚种)、果达古语(即 Kodava Ttakk,通用于卡纳塔克邦的果达古县)、Kutchi 语(古吉拉特邦 Kutch 地方语言)、摩揭陀语(即 Magadhi,比哈尔语一种,源于古代摩揭陀王国,常被视为印地语亚种之一)、马尔瓦尔语(拉贾斯坦邦语言,通常被视为印地语的一个亚种)、图卢语(为卡纳塔克邦和喀拉拉邦的图卢人使用)等等。③

印度不仅是一个语言的大国,而且在法律上每一种语言都享有平等的地位。对于印度这样的大国我们如果仅仅掌握其官方语言显然是不够的,我们应从长远着眼,开始关注印度的各种地方性语言,只有这样才能深入研究印度的国情。

1.2 从国家利益扩展的角度来看,我们所拥有的外语语种跟不上国家的发展。

目前,中国的国家利益尤其是经济利益遍及全球。仅从非洲来说,2009 年,中非贸易额为 910.7 亿美元,中国成为非洲第一大贸易伙伴国。截至 2009 年底,中国对非洲直接投资存量达 93.3 亿美元,非洲对华投资累计达

99.3 亿美元。中国企业积极参与非洲国家基础设施建设,涉及房建、道路、水利水电、石化、电信、建材、供水等多个领域。中国还为非洲基础设施建设提供融资支持。中国对非援助覆盖 50 多个非洲国家,援建了 800 多个成套项目,涉及住房、农业、水利、电力、通讯、交通等领域,中国向非洲派出医疗队员 1.7 万人次。从 2000 至 2009 年,中国已免除了非洲重债穷国和最不发达国家的 312 笔债务。

中非经济政治合作如此深入,但我们对非洲语言的掌握和了解却远远落后于此。非洲除了使用西方语言如葡萄牙语、法语和英语外,还有本土的闪含语系(包含 240 种语言,2.85 亿人使用)、尼罗—撒哈拉语系(包含 100 多种语言,3000 万人使用,主要分布在乍得、埃塞俄比亚、肯尼亚、苏丹、乌干达、坦桑尼亚北部等地区)、尼日尔—刚果语系(世界最大的语系之一,包含数百语种,分布在撒哈拉以南非洲地区,包括班图诸语言)、科依桑语系(包含 50 种语言,12 万人使用,集中在非洲南部)等的语言。④班图语系中使用人数较多和通行范围较广的语言有斯瓦希里语和祖鲁语。斯瓦希里语原是东北非地区的一种商业交际语,现在已经成为坦桑尼亚、乌干达和肯尼亚的官方语言。有关专家正在呼吁把它作为非洲统一组织的工作语言之一。这一语言还在索马里、卢旺达、布隆迪、刚果(布)、莫桑比克和东部沿海一带被广泛使用。祖鲁语通行于南非共和国和中非等地。虽然直到现在还没有一个国家宣布豪萨语为官方语言,但豪萨语是撒哈拉以南西苏丹的重要语言,通行于从乍得湖沿岸到塞拉利昂之间西苏丹广阔的地带,被视为仅次于阿拉伯语和斯瓦希里语的非洲第三大语言。通行这种语言人口最多的国家是尼日利亚,尼日利亚北方的豪萨人、富拉尼人和其他各部族都讲这种语言。豪萨语也是一种西非地区的商业用语。豪萨语使用人口比例最高的国家是尼日尔,其全国 70% 的人口都使用豪萨语。欧洲的语言在非洲的城市和工矿区也被广泛使用。不少国家至今仍把它们作为官方语言。目前在非洲 50 多个独立国家中,有 20 个国家把英语作为官方语言或通用语言,19 个国家以法语作为官方语言,以葡萄牙语为官方语言的国家有 3 个,还有一些国家正在考虑把民族语言作为国语。

目前,我国仅仅掌握三门非洲语言,即阿拉伯语、斯瓦希里语和豪萨语,阿姆哈拉语和祖鲁语至今没有开设。非洲最古老的语言文字是撒哈拉大沙漠中的蒂菲纳文字。这种文字是图阿雷格人说的塔马谢克语的文字。据说这种文字有 2000 年左右的历史。令人惊奇的是这种文字不仅历史悠久,而且书写方式奇特,不论横竖都可以书写。这种古文字的存在有力地证明,撒哈拉大沙漠在古代确实是非洲文明比较发达的地区之一。现在,被世界各国语言学界和传播媒介重视的非洲语言依次是:阿拉伯语、斯瓦希里语、豪萨语、祖鲁语、阿姆哈拉语、富拉尼语、曼丁哥语等。⑤

2. 目前我国在外语研究方面的能力与大国地位不相称

国家的外语能力不仅表现在为国家经济利益扩展的服务上,也表现在为国家文化发展的服务上。中国作为一个世界大国,其标志不仅表现在我们对世界经济发展的贡献、对世界新的政治秩序形成的贡献上,也表现在我们对人类多样文明研究的贡献上。中华文明作为人类四大文明之一,我们在对自身文明的研究上有着重要的贡献,但在对世界其他古代文明的研究上仍远远落后于西方发达国家。例如,印欧语系比较语言学源自 18 世纪英国对印度进行殖民统治时,以英国人威廉·琼斯为代表的一批学者发现英语与印度人使用的官方语言——波斯语,以及多数印度人使用的宗教语言梵语拥有共同的祖先。通过梳理、追踪、解读、比较世界各地区、国家、民族所使用的印欧语言,印欧语系比较语言学研究推动了学界对于移民问题、语系学问题的研究,对于民族间文化交流和迁移的研究都有重要的作用。又如,对古埃及文字的研究、对两河文明文字的研究等的成果也主要属于西方学术界。丝绸之路沿线的古代语言是研究中外关系史的重要语言,例如龟兹语、吐火罗语、佉卢语、粟特语、突厥语、于阗语、波斯语、叙利亚语、古普鲁士语、峨特语、高卢语、奥斯干语、温布利安语、涅希特语、巴比伦语、古迦南语、腓尼基语、古希伯来语、古埃及语、科普特语等。对于这些语言,前辈学者如季羡林先生,尚还能掌握一部分,但目前能掌握这些语言的人在中国寥寥无几。作为一个文明大国,应该开始培养懂得这类语言的人才,为今后中国的历史研究和西域研究打下语言的基础和人才的基础。⑥

中国作为一个世界性大国,它的学术视野和文化情怀不能仅仅限于对自身文化和语言的研究。一个国家的外语能力强在学术上的重要标志就是对在人类文明史上产生过重要影响的语言有发言权,对全球多样文明的研究有所贡献。显然,在这方面我们还亟待努力。

举一个简单例子,北外作为全国外语语种最多的外语院校,至今没有拉丁语,没有古希腊语。这在语言学上和文化史研究上都是不应该的。北外的南亚和东南亚研究和教学中也没有梵语和巴利文教学,这是明显的不足。这说明,如果从学术角度来衡量我们所拥有的外语语种,从研究的角度来看我们的国家外语能力,它们是和一个大国的地位不相称的。

长期以来我们在外语教学与研究、外语人才的培养上缺乏战略性的规划,如胡文仲先生所说:"外语教育整体规划的缺失。……我国一直没有相关的部门制定外语教育政策和长期的规划。"⑦ 国家强大,外语能力才强大。今天我们国家综合国力发展迅速,但外语能力发展还比较滞后。因此,从国家的战略利益出发,从国家的文化地位出发,加强对非通用语的研究已经成为提高国家外语能力的一个重要的方面,已经成为一个刻不容缓的重大问题。

附注

① 关于通用语和非通用语的划分方式有两种,一种是英语之外均为非通用语,一种是联合国 6 种工作语言之外的其他语言为非通用语。本文采用第一种划分方式。

② 张贵洪. 中国与南亚地区主义:以南亚区域合作联盟为例. 南亚研究,2008(2)。

③ 维基百科《印度的语言》。

④ 维基百科《非洲语言》。

⑤ 参见 http://www.hudong.com/wiki/% E9% 9D% 9E%E6% B4% B2%E8% AF% AD%E8% A8% 80。

⑥ 上海复旦大学的白钢教授是中国目前掌握古典语言语种最多的学者之一。他掌握的语言包括印欧语系的安纳托利亚语族之赫提语,希腊语族之古希腊语,意大利语族之拉丁语,印度语族之吠陀语、梵文、巴利文,伊朗语族之阿维斯特语、古波斯语,亚美尼亚语族之古亚美尼亚语,日耳曼语族之哥特语,凯尔特语族之古爱尔兰语,斯拉夫语族之古教会斯拉夫语,吐火罗语族之东吐火罗语、焉耆语、西吐火罗语、龟兹语等。在闪米特语系方面,白钢教授掌握了东部闪米特语族之阿卡德语、亚述—巴比伦语,西部闪米特语族之圣经希伯来语、阿拉美语—古叙利亚语、腓尼基语—迦南语、乌加里特语,以及南部闪米特语族之古典阿拉伯语、西南阿拉伯语和古埃塞俄比亚语。他还掌握含米特语族的中古埃及语、科普特语和乌拉尔—阿尔泰语系的古突厥语、中古蒙古语、满语、古芬兰语、匈牙利语。另外他还掌握苏美尔语、艾拉美语、古藏语、马来语、斯瓦希里语等其他语族语言。

⑦ 胡文仲《新中国六十年外语教育的成就与缺失》,载《外语教学与研究》2009 年第 3 期。

（作者简介:张西平,教授,北京外国语大学中国海外汉学研究中心主任、亚非学院院长。）

从中法对比视角探索国际汉语 教师"国别化"培养思路

俞文虹　（法）白乐桑

提　要　不同国家和地区的历史、文化、语言及教育制度都带有各自的特点,到海外任教的教师除了要具备教学知识和技能之外,还应该能够适应不同国家和地区的"国别化"特点。因此,在教师能力的培养过程中,我们应该重视"国别化"能力的培养。本文从这个角度出发,通过对比中国和法国汉语教师培训的关注点,探讨"国别化"汉语教师培养的思路,以期为国际化背景下的教师培养提供一个有益的参考。

关键词　继续培训　"国别化"能力　中法教师培训对比

一、语言教师"继续培训"的意义和类型

语言教学的基本问题,也就是我们平常说的"三教"问题,指的是教材、教法、教师三个方面的问题。教材、教法、教师三方面相辅相成,互相影响。其中,教师是最具有能动性的一环,既影响教材的编写,也决定教法的实施,可以说,教师是"三教"的灵魂所在,教材的撰写、教法的操作都依赖于教师的教学与编写、研究能力。学生在学习中从感知、理解、记忆到应用、扩展等过程的实现也同样依赖于教师的综合能力。可见,在国际汉语教育新形势下,如何进行教师能力的培养,应该是值得关注的问题。

1."继续培训"的重要意义

随着中外交流的深化,对外汉语教学事业迎来了前所未有的发展空间,国内外的教师需求量急剧上升。为了适应市场需求,很多大学设立了对外汉语教育专业,不少教育机构也推出了汉语教师培训课程。对外汉语教师队伍也从 20 世纪 90 年代的凤毛麟角,成长为如今的百花争艳,将来做一名对外汉语教师已经成为很多学子的职业梦想。无论是在本土教学,还是在海外教学的教师,都面临一个基本问题——如何成为一名合格的汉语教师。

在不少国家,个人的"继续培训"已成为了一种权利,只有通过"继续培训",教师的教学行为才能从根本上得到改变、纠正和更新。我们知道,汉语教师所面临的教育对象往往是多种多样的,其年龄层次不同,知识背景不同,学习汉语的动机、需求和目标也不尽相

同。教学对象越是表现出多样性,教学方法和手段越应该多元化,课堂控制和管理也充满着多变性和偶然性。没有始终如一的教育情境,教育情境都是不断变化的,这就要求教师对自己所处的教育情境有一个适应性,而这种适应性往往是从教师的学业背景中无法直接获得的,需要在教学实践中不断摸索,通过"继续培训"的过程不断完善。

我们认为教师培训应该区分"元初培训"和"继续培训"两种不同的类型。不明确区分这两类培训,甚至有时把两者混淆、混合在一起是现行汉语教师培训误区之一。这两类培训的培训对象不同,培训内容和侧重点也应该有所不同。"元初培训"假定的培训对象是没有接受过汉语教学基础知识培训的人员,他们在对外汉语教学领域初始能力基本为零。而我们这里谈到的"继续培训"的培训对象指的是接受过"元初培训",并且有一定教学经验的教师。"继续培训"可以列入广义的"继续教育"范畴。

2. 教师培训类型

教师"继续培训"的对象是具有一定教学经历的教师,培训的过程就是他们在已有的学业背景之外,获得更多本专业信息和技能的过程,这个过程既包括单向获取,也包括双向交流。培训方式有很多,概括起来有以下几种主要形式:专家讲座、学术讨论会、培训班、网络课堂。

专家讲座通常的形式是某位专家就某一个专题进行演讲,内容可以是对外汉语教学某一领域理论的宏观研究,也可以是依托某种教材阐发的具体教学方法。培训时间比较短,一般持续一天或者两天。

学术讨论会指的是某大学牵头组织一个学术讨论会,每个讨论会都会有一个中心议题,并根据中心议题阐发出一些研究主题,参

与会议的教师、学者需要提交会议论文,他们的论文(或论文摘要)只有通过会议的专家组审核才可以参加会议。会议一般设有主会场和分会场,在主题讲座之后进行分会场的分组讨论。近年来,对外汉语教学的讨论会一般都会邀请国外的学者参加,讨论会的国际化趋势越来越明显。虽然讨论会的议题不一定和教师培训有关,但是讨论会这种形式本身其实就是学者、教师之间相互交流学习和自我培训的机会。

培训班也是在中国和法国比较普遍的培训形式,很多大学和培训机构都开设了面对面的培训班。在法国,课程结束后常常需要学习者就培训效果提交评估表,在中国,往往课程学习完成后组织结业考试,学习者可以获得培训证书,还可以参加更权威的教师资格证书考试。培训的时间从十几课时到上百课时不等,师资一般来自国内外大学从事对外汉语教学的专家、教授或外语教学专家。

培训班的学习方式和专家讲座有相似之处,不过学习的内容更全面、更系统,结业的形式会增加学生学习的动力,并且有一个证书对学习成果进行认可。

网络课堂是新兴的培训形式,学习者可以通过网络选择培训内容,听名师讲课,看学者座谈,形式比较多样,内容也可以根据自己的需求自由选择,多样组合。这种培训方式对学习者来说,在时间和空间上的自由度都比较大。

二、"国别化"汉语教师培养的内涵

随着国际汉语教学的发展,海外的汉语市场逐步扩大,在海外任教的汉语教师也越来越多。在这样的背景下,汉语教师的培养越来越带有"国际"的色彩。"国际"色彩应该包括两个方面,一方面是国外本土汉语教师的培养,另一方面是中国的汉语教师走出国

门之前的继续培训。第二方面是本文重点关注的问题。

我们知道，"国别化"汉语教材指的是根据不同国家和地区的语言、文化、教学传统、教学标准、教育体制、历史观点和民族特点编写的汉语教材，这些教材中体现出不同民族的文化特征、教育制度与规范等社会、文化特点。国际汉语教师的培养也应该遵循同样的规律，具有"国别化"能力的教师应该能够适应不同国家和地区的历史、语言、文化和民族的特点，了解所在国家的教育体制，能够更好地完成教学任务并对中国语言文化的传播有所贡献。培养"国别化"能力应该是教师培养过程中重要的一环，因此本文从这个角度出发，通过对中国和法国汉语教师培训的对比，探讨"国别化"汉语教师培养的思路，以期为国际化背景下的教师培养提供一个有益的参考。

三、中国汉语教师培养的特点

国家汉语国际推广领导小组办公室 2007 年公布了《国际汉语教师标准》（以下简称《标准》）。《标准》是对从事国际汉语教学工作的教师所应具备的知识、能力、素质的全面描述，由五个模块组成，分别为：（1）语言基本知识与技能，包括"汉语知识与技能"与"外语知识与技能"；（2）文化与交际，包括"中国文化"与"中外文化比较与跨文化交际"两部分，要求教师具备多元文化意识，了解中国和世界文化知识及各文化异同，掌握跨文化交际的基本规则；（3）第二语言习得理论与学习策略，要求教师了解汉语作为第二语言的学习规律和学习者特点，能够帮助学习者成功学习汉语；（4）教学方法，包括"汉语教学法"、"测试与评估"、"汉语教学课程、大纲、教材与教辅材料"和"现代教育技术与运用"四个标准；（5）教师综合素质，主要对教师的职业素质、职业发展能力和职业道德进行描述。从《标准》可以看出，成为一名合格的汉语教师，不仅需要语言知识的储备，还需要诸如教学法、教育技术等教学技能，而且能够在对中外文化认知的基础上实现跨文化交际。

我们通过网络调查，选择了几个规模比较大、办学时间比较长的培训机构进行比较。从初步调查可以看出，国内汉语教师培训是一种普及型培训，培训对象既包括已经从事对外汉语教师职业的教师，也包括即将成为汉语教师的学生或从事其他工作的人员。从培训内容上我们可以看出这些培训机构对于教师素质培养的认知，表 1 是对其培训内容的统计。

表 1

培训内容		培训机构 A	培训机构 B	培训机构 C	培训机构 D	培训机构 E
汉语言知识与技能		+	+	+	+	+
文化交际	中国文化	+	+	+		+
	中外文化比较与跨文化交际	+				+
教学方法	汉语教学法	+	+	+	+	+
	教育技术	+	+	+		+
二语习得与学习策略		+		+	+	
教师综合素质		+				+

从表1可以看出这些培训机构的培训内容还是比较系统的,每个机构的培训都涉及了《标准》的相关内容。在"汉语言知识与技能"、"汉语教学法"方面,培训机构都非常重视,另外"中国文化"和"教育技术"两方面也是被重点关注的内容。

我们可以从以上培训内容管窥中国本土汉语培训的一些思路,那就是在培训要求上结合《标准》,讲究培训内容的"系统化"。但同时我们也看到,《标准》中提到的"语言知识与技能"不仅包括"汉语知识与技能",还应该包括"外语知识与技能",这方面的内容在培训的课程中没有体现出来。

从表1还可看出,培训力度比较薄弱的主要是"中外文化比较与跨文化交际"和"教师综合素质"两个环节。相较于"中国文化"的培训,"中外文化比较与跨文化交际"能力的培训时间相对较少。另外,汉外对比能力也被很多培训机构忽略了,而对于到海外任教的教师来说,具有这方面能力是非常必要的,这方面的能力在一定程度上影响着他们在海外工作的适应性。教师的综合素质也是在海外工作的教师应该重视的,良好的教师素质不仅表现为教师在派出国家以良好的职业素养和心理素质完成教学任务,还表现在他们能够尊重当地的风俗习惯、宗教信仰和价值观,以汉语教师的角色融入学校和社区,努力拓展汉语教学的可持续发展空间。

四、法国汉语教师培养的特点

和世界总的趋势一样,近年来法国汉语教学处于蓬勃发展阶段。从法国的师资来看,主要有以下两类:一类是法国的本土教师(包括汉语母语者和汉语非母语者,他们身上带有各自教育文化传统的烙印),另一类是中国派到海外的教师。法国汉语教学的蓬勃发展,促使法国国民教育部不断增设汉语教学的正式职位,15年前每年只增加1到2个教师名额,目前每年增加20个,正式在职的中学汉语教师人数也从2004年的130余名增加到目前的400余名。中国派往法国任教的教师也逐年增多,分布在法国20多个城市。

与在法国教授的英语、西班牙语、德语一样,法国的汉语教学属于外语教学,隶属于法国本土的外语教学体系,所以法国在进行汉语教师培训时,倾向于借鉴其他外语教学的模式,这样更容易吸收外语教学方面的科研成果。

法国教育部和法国汉语教师协会都非常重视法国汉语教师的培训工作,从2005年至今,已经举办过多场正规培训活动。从培训对象来看,主要是中学教师,同时也有大学教师和在其他机构工作的汉语教师;从培训的形式来看,以互动讲座方式为主;从培训的内容来看,基本涵盖了汉语教学的方方面面,同时也反映了法国汉语教学界对于教师素质的认知。

从历次的培训题目我们可以看出法国同行们关注的重点内容(见表2)。

表2

培训内容	培训题目
教学实施	任务型教学法材料的多样化 任务型教学法 有关高考汉语笔试、口试的问题 欧洲语言框架[1]及其在教、学、评估上的运用

培训内容	培训题目
课堂教学	课堂上的直接法教学 汉语大纲的应用 汉语课堂上的口语训练 语言课上的图片使用方法 课堂用语的使用
教育技术	多媒体的使用、多媒体实验室、互动白板、播客教学
课堂管理与师生交流	课堂管理 教师与学生之间的关系 语言助教及其在课堂上的角色 课堂管理以及与学生的关系 激发学生的动机

虽然和中国的培训对象略有不同，但法国的培训内容依然能够反映出法国对于教师素质培养的倾向，从对内容的侧重上可以看出法国的教师培训和国内教师培训是有区别的。

在培训内容的设置上，法国比较重视课堂管理的具体操作以及教师和学生的有效沟通，这些培训内容反映了法国汉语教师最需要提高的技能。在法国的汉语教学属于非目的语环境教学，每周除了几个小时的汉语课堂的语言沉浸之外，其他时间都是远离目的语环境的，学生走出了课堂，就走出了目的语环境，完全处于母语环境中，所以教师非常珍惜学生在课堂上可以听说汉语的时间。那么怎么在有限的课堂时间内让学生学到东西，而且保持对汉语的兴趣，是摆在所有法国汉语教师面前的问题。正因为如此，法国的汉语教师培训非常重视课堂教学法的培训，很多培训内容都与此相关。

从培训内容的对比我们还可以看出，中国现有的教师培训倾向于"元初培训"和"继续培训"兼而有之，非常系统化，并遵循国家汉办《国际汉语教师标准》的五个模块。而法国的汉语教师培训以"实用性"为基本理念，重视教学技能与教学实施的"继续培训"，对课堂教学与课堂管理这两个环节给予了充分重视。

中法汉语教师培训对比的结果对于"国别化"教师培训具有借鉴意义，目前中国公派到法国的教师和志愿者人数增长很快，面临的教学对象的学习目标和学习策略各不相同，教师只有充分了解法国学生的特点，才能理解他们在课堂上的表现，才能使用他们能够理解和接受的方式进行交流，从而保持课堂教学的高效，管理好课堂，完成好汉语教师的角色。

五、"国别化"汉语教师培养的思路

"国别化"的适应能力是教师在具有"国别"特征的任教国家表现出的一种能力，包括生存、交流、融入、心理沟通等等，是一种综合能力。

随着国家派到海外任教的教师人数越来越多，任教的国家也逐年增多，"国别化"问题也逐渐凸显，这个问题不仅关系到教师在任教国的生存和交流，也直接影响到他们汉语教学工作的成败。我们通过对法国汉语教师培训的分析可以看出,不同国家对教师的要求是不一样的。本文只是提出一些思路,以期对那些即将到海外任教的教师有所帮助。如果教师能够对以下这些问题充分了解,甚至能够预设解决的方法,那么他们在任教国家已经具备了初步的"国别化"能力。

我任教的国家教育制度是什么样的?

我在我的岗位上应该做什么?

我应该和学校的其他老师怎么相处?

我的学生是什么样的,华裔还是本土学生居多?

我的学生有哪些学习特点和学习策略?

我的学生为什么学习中文,他们最感兴趣的是什么?

我应该用哪些有效的课堂教学方法提高学生的学习积极性?

我的教学方法不合适怎么办?

在课堂上我应该怎样和学生交流沟通?

在我的课堂上出现问题怎么处理?

怎样得到学生家长的支持?

我能为编写"国别化教材"提供什么建议?

所在学校有哪些多媒体资源可以在课堂上发挥作用?

当地有什么风俗习惯和宗教禁忌在课堂上应该避免谈到?

……

以上这些题目还可以分成若干小题目,小题目还可以继续往下分,不断寻找这些问题的答案的过程就是"国别化"能力逐步增长的过程。国际汉语教师的培养除了要培养语言知识、教学技能等能力,还应该关注"国别化"能力的培养,提高教师在不同国家的适应能力,这是国际汉语教育新形势下教师培养不可或缺的重要一环。

附注

① 全称为《欧洲语言共同参考框架:学习、教学、评估》(CEFR),是欧洲各国语言学习、教学与评估的重要参考标准。

参考书目

[1] 国家汉语国际推广领导小组办公室.国际汉语教师标准.北京:外语教学与研究出版社,2007.

[2] (加)马克斯·范梅南.教学机智——教育智慧的意蕴.李树英译.北京:教育科学出版社,2001.

[3] Castellotti Véronique, De Carlo Maddalena. *La formation des enseignants de langue*. Paris. Clé international. Didactique des langues étrangères,1995.

[4] Freeman Donald, Richards Jack C. *Teacher Learning in Language Teaching*. Cambridge: Cambridge University Press,1996.

[5] Perrenoud. Ph. *Dix nouvelles compétences pour enseigner*, 1999. Invitation au voyage. Paris:ESF,2006.

[6] *Programme des stages de formation académique des professeurs de chinois dans le cadre des programmes académiques de formation de l'éducation nationale*.(法国学区汉语教师培训项目纲要).

(作者简介:俞文虹,北京外交人员语言文化中心讲师,巴黎东方语言文化学院博士;白乐桑,法国国民教育部汉语总督学,巴黎东方语言文化学院博士生导师。)

对拟赴海外汉语志愿者教师
教案设计及培训的思考

田　艳

提　要　目前国际汉语教学教案设计及培训方面的研究较为薄弱,针对拟赴海外汉语志愿者教师、以少儿汉语学习者为教学对象的教案设计的研究目前尚未见到。本文采用内容分析法(content analysis)对 17 位志愿者教师的教案进行了综合分析,并对其中 10 位在海外工作了一年的志愿者教师进行了回访。在此基础上,对拟派出志愿者教师的教案设计和培训方式提出建议,以期为今后的对赴海外工作志愿者教师的培训提供一定的借鉴。

关键词　志愿者教师　汉语教师培训　教案设计　少儿汉语教学

一、引言

自从 2004 年 3 月"国际汉语教师中国志愿者计划"正式实施以来,截至 2010 年底,中国国家汉办已派出 1 万多名汉语志愿者,这些志愿者教师分布于世界的近 90 个国家。①

相关主管部门十分重视拟赴海外汉语志愿者教师(以下简称"志愿者教师")的培训工作,每年都组织志愿者教师进行强化培训,而教案设计是志愿者教师培训的一个重点。

经过文献检索,笔者发现,目前关于对外汉语教案设计的研究较为薄弱,相关论文及教案参考书不但数量很少,且多针对常规的汉语教学模式,以成人汉语学习者为教案设计对象,并且均强调语言点的讲练,强调教学的系统性、规范性。另外,教案参考书所呈现的一般是完整的教案,缺乏过程性的讲解和案例分析。

在海外,80% 的汉语学习者为青少年,而目前针对志愿者教师以少儿汉语学习者为教学对象的教案设计的相关研究尚未见到。②因此,志愿者教师在针对少儿汉语学习者进行教学设计的时候,可参照的依据很少。

除了教案设计方面的研究比较缺乏,如何针对教案设计进行培训更是尚未引起关注。

本文采用内容分析法(Content Analysis)对 17 位受训志愿者教师的教案进行了综合分析,并且对其中 10 位在海外工作了一年的志愿者教师进行了回访。在此基础上,就志愿者教师教案设计中出现的问题以及教案设计的培训方式提出建议和思考,以期为今后志愿者教师的教案设计及培训工作提供一定的借鉴。

二、本研究的背景信息

1. 本研究中志愿者教师的培训情况

本文所调查的志愿者教师在派出前接受了两个月的强化培训,包括语言学、第二语言教学理论、课堂教学实践和泰语等课程。培训机构专门设置了少儿汉语教学和教案编写的课程,共计 8 课时。另外,这些志愿者教师还进入高校对外汉语课堂观摩了 4 小时的课堂教学。他们要在培训结束时设计出一份相对完整的教案。笔者受邀对全体拟派出志愿者教师进行教学模式及教学技能的培训,对其中 17 位志愿者的教案进行修改和点评。

这 17 名志愿者教师中有 15 位于 2010 年 6 月赴海外(14 人赴泰国,1 人赴马来西亚)任教,并于 2011 年 3 月完成了一个年度的教学工作。本文是在这批志愿者 2010 年的教案设计及他们在海外工作一年后的反思的基础上展开研究的。

2. 志愿者教师的基本情况

表 1 是这 17 位志愿者教师的基本情况和信息:

表 1

专业	英语专业:7 人;中文专业:7 人;少数民族语言专业:2 人;其他专业:1 人
性别	男生:5 人;女生:12 人
是否有教学经验	有教学经验(含英语教学经验):5 人;无教学经验:12 人
是否写过教案	写过(含英语课程教案):3 人;未写过:14 人
年级及年龄	16 人为大学应届毕业生,1 人已工作,平均年龄 22.5 岁

由上述信息可以看出,17 位志愿者教师均非对外汉语专业或师范专业,教学经验总体上不足,教案设计的经验也不够丰富。

3. 志愿者教师所依据的教材

17 位志愿者教师设计教案所依据的教材是《汉语乐园》。该教材是由北京语言大学出版社出版、面向海外、专门针对少儿编写的多媒体系列汉语教材,适合 10～12 岁的汉语初学者。

教材集语言教学与文化学习、技能训练等为一体,融合视、听、说、唱、游戏等多种学习方式,使学生在情景中轻松学汉语,充分体现了"寓教于乐、寓学于乐"的教学理念。教材内容的丰富为教案设计提供了一定的便利条件。

培训结束后,志愿者教师要选择《汉语乐园》中的一课进行教学设计,课时为 2～4 小时。

三、对志愿者教师教案的分析

17 位志愿者教师的教案样本字数为 44506 字。下面就教案中的优点和不足加以分析。

1. 教案设计中的优点

经过培训,17 位志愿者教师总体上对教学设计有了一定的把握能力,初步具备了教案编写能力和教学设计能力。这主要体现在如下几个方面:

1.1 教学环节较为全面

17 位志愿者教师的教案格式均比较齐全完备,包含了教案的所有基本要素,如教学重点难点的分析、教学对象的分析和教材的分析等。另外教学步骤和程序也较为合理,如导入、讲解、活动、作业等各个步骤均比较完整。

1.2 比较注重教学互动

尽管在课堂互动设计方面仍存在一定不足,志愿者教师在教案设计中均积极地尝试在课堂上进行师生之间的互动。总体而言,教学互动大体包含了 T—SSSS(教师对全体学生)、T—S(教师对一位学生)以及 S—S(学生双人活动)等几种互动模式。

1.3 积极尝试利用活动和游戏开展教学

17 份教案中有 16 份(占 94%)都设计了不同形式的活动。下面是其中一位志愿者教师设计的教学活动:

教学场地:户外草坪或教室。

教学目的:操练句型"我有……"。

教学备品:5 种文具(书包、本子、书、橡皮、尺子),粉笔(教室里用)或不同颜色的粗绳 5 根(户外用)。

教学步骤:

(1) 在地上画 5 个圈或用绳子围出 5 个圈,圈内分别放上 5 种文具。

(2) 把学生分成 5 个组,每组都用一个文具的名字命名。学生打乱顺序后在 5 个圈外站好。

(3) 教师说出文具的名称,相应的组员要跑到对应的圆圈里,然后说出"我有书包\本子\书\橡皮"等。

(4) 站错的人要当众说出 3 个"我有……"的句子。

还有的志愿者教师设计了这样的教学活动:学生蒙上眼睛,根据老师的指令指出自己的五官,如眼睛、鼻子、嘴等。另外,还有志愿者教师设计了模拟军训报数的活动,以训练教学对象对于数字的敏感度和反应速度。

17 份教案中有 12 份(占 71%)运用了游戏来进行教学。下面是一份教案所设计的游戏:

全班同学围成圈,由一个同学悄声对旁边的同学说出自己的年龄,第二个同学把听到的数字依次传下去,最后一名同学要说出第一个同学的年龄。

1.4 注意运用多种教学媒介

教学媒介有黑板、图片、卡片、多媒体、实物、身体部位等多种形式,17 位志愿者教师均在教案中运用了不同形式的教学媒介,并将这些教学媒介用在了汉字教学、语音教学和句型操练等多种技能训练中。比如一位志愿者教师利用火柴棍搭建汉字,多位志愿者教师设计了用实物(如饮料)讲解词语的环节。

1.5 注意针对少儿特点设计教学活动

7 份教案(占 41%)都针对少儿的特点设计了特殊的教学活动,如唱歌、画画以及分发奖品和小红花等。

17 份教案的优点详见图 1:

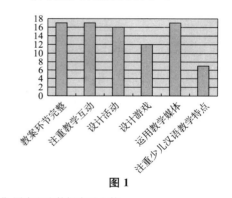

图 1

说明:图中左边数据表示人数。

2. 教案设计中暴露出的问题

2.1 教学设计总体上稍显单调

总体而言,这批教案的设计中规中矩,在创意方面尚有欠缺。以导入阶段为例,17 位志愿者中有 15 位(占 88%)利用图片进行导入。利用图片进行导入当然没有问题,问题是导入方式过于单一,缺乏对多种导入方式的尝试。在留作业环节,17 份教案中有 13 份(占 76%)使用了抄写课文或汉字这一传统的方法。

另外,在复习旧课、讲解新课、总结知识

点这几个不同的阶段,志愿者教师的教学方法并没有进行相应的变化,因此也无从体现每个教学阶段的特点。

在板书设计环节,除了一份教案尝试采用了总分式的板书模式,其余的教案采用的都是词语式的板书,因此板书样式不够丰富实用。这既体现了培训对象教学能力的不足,也暴露出了培训对象对于板书设计的忽视。

2.2 练习方式较为机械、单一

17 位志愿者中有 11 位(占 65%)采用了明德模式的密集型强化操练法进行操练,这一情况非常突出。另外,其他的练习方式也多为一些机械性的练习,归纳起来有:替换句子成分、句型操练、反复跟老师读句子或拼音、机械描摹汉字、展示笔顺等形式。以语音教学为例,17 位志愿者中有 10 位(占 59%)只是就语音练语音,如带读声母、韵母,或通过舌位图讲解语音,而没有根据少儿汉语教学的特点,将语音教学与生动的"意义"教学结合起来。由此也可以看出,志愿者教师对教学方法的丰富性与合理性缺乏深入的思考。

2.3 师生互动仍有局限

表现为互动的种类较为局限,同时也缺乏对互动方式的注意。

课堂上的师生互动的种类有很多。17 份教案中的互动以 T—SSSS、T—S 为主,这两种形式占到了所有教学互动的 80%。至于 S—S、SSSS(小组活动)则很少使用,特别是 SSSS 类型的互动,17 份教案中没有一份对此进行尝试。

在师生互动方式方面,志愿者教师较少使用提问方式引入话题,而是采用直接讲解和介绍知识点的方式。比如一份教案讲解表示存现关系的"有"字句和"在"字句时,将句型直接呈现出来,而丝毫看不出在操作和互动方面如何实施,这显然不适合少儿汉语教学的特点。

2.4 教学环节组合不当

(1)教学环节颠倒。有的教案在"角色扮演"类活动后安排学习词语和句型,随后又设计了巩固生词与句型的游戏。这种设计看起来很热闹,实际上颠倒了教学环节。

(2)缺乏相应的教学步骤,或步骤之间的连接显得突兀。一些教案(约占 35%)只设计了机械性的练习,就直接进入下一个教学环节,因而缺乏相应的活动来强化和巩固所学知识。还有一份教案设计了这样的复习环节:请同学两人一组练习上节课的对话。这一设计的意图是好的,不过教案中既没有给出提示词语,也没有给出提示图片,实际操作起来很可能会出现难以控制的局面。对于这类问题,应补充上相应的步骤和环节。

(3)教学层次不清晰。比如一份教案在讲解动物和生肖时一口气运用了这样几个课堂提问:

a. 今年是什么年?

b. 今年是哪一年/今年是二零一几年?

c. 二零一零年是什么年? 一九九九年呢?

上述几个问句十分雷同,问题之间的层次也不清晰,因此教学意图模糊。

(4)一些活动的设计与本节课内容缺乏关联性。毫无疑问,游戏与活动在少儿汉语教学中占有重要的地位,但是教案中有些活动和游戏的设计与本堂课教学内容没有什么关联,却被安排在教学的重要时间段,从而影响了教学的整体连贯性。比如在正常教学活动中突然插入让学生做眼保健操的活动,以及在词语讲解环节中突然设计了用时较多的双人猜词活动。当然,这类情况只是个案。

2.5 教学媒介的运用不够明确或不甚合理

尽管 17 位志愿者教师均使用了不同形式的教学媒介,但是其中也存在着运用教学媒介不够明确或不甚合理的问题,下面结合案例进行分析。

案例 1:教师出示 5 张关于五官的卡片(正面为图画,背面是中文和泰文翻译),让教学对象根据所出示的图片(正面)迅速指出自己的五官。

该教学环节试图运用卡片和图画进行复习,不过如果利用的是五官的图画和泰语翻译的话,意义就不大,因为学生并不需要借助汉语也能指出自己的五官。如果卡片展示的是汉字的话,教学对象对汉字的认知程度有限,即使能够用汉语说出五官的名字,也会因为不认识汉字而影响教学的顺利进行。

案例 2:一位志愿者教师在导入阶段出示了一张房间的图片,其目的是给学生提供一个宿舍的场景,这张图片在整个教学环节只被使用了一次。

在这份教案中,有许多场景都需要用到该房间的场景,但该教案却只是在导入阶段运用了该图片。后来,在笔者的建议下,教案设计者不但利用图片提供场景,也利用图片帮助学生学习介词、方位词、物品名词,最后利用该图片让学生谈论自己喜欢的房间风格,真正做到了一图多用。

2.6 课堂教学语言的设计有所欠缺

由于本次教案设计存在着一定的虚拟性,再加上志愿者教师普遍缺乏海外教学经验,因此很多教案对于课堂语言的设计显得有所欠缺,只有一位志愿者(占 6%)明确指出要少使用泰语。由于教案针对的虚拟教学对象为只学过一个月汉语的泰国学生,而志愿者的泰语水平又达不到运用自如的水平,因此忽视课堂语言的设计大大降低了课堂的可操作性。③

语言设计的不足不仅体现在用较难的词语解释较为简单的词语,而且体现在设计了一些语言难度很大的课堂活动,特别是文化讲解部分。

笔者整理了 17 份教案中一些语言运用不当的活动:(1)向学生描述中国学生上课的情形,然后让学生回答"上汉语课时该怎么做";(2)给学生讲授中国人吃饺子、元宵、粽子等习俗的由来;(3)让学生比较中国房间、泰国房间和日本房间,说出有什么差别;(4)讲解汉字源流和茶文化。

上述问题用汉语讲解显然不现实,但是过量使用泰语,志愿者教师的泰语又无法达到这一要求,因此这类设计也形同虚设。

2.7 其他问题

教案还表现出其他一些问题,如语言不规范,口语化倾向明显,或将教师的课堂教学语言直接转写出来,显得啰唆、拖沓。

另外,有的教案也反映出设计者对于汉语教学理念的不熟悉,比如将学生在语言习得中出现错误视为畏途,而要将其"扼杀在摇篮中",凡此种种,不一一列出。

四、对志愿者教师海外工作一年后的回访

17 位受训志愿者教师最终有 15 位赴海外任教,并于 2011 年 3 月结束了一年的海外工作,回到祖国。笔者利用志愿者回国的机会,对他们进行了简短的调查和访谈。发出问卷 15 份,收回问卷 10 份,并对其中的 2 位志愿者进行了深度访谈。

问卷设计了 7 个题目,其中 1~6 题为封闭性问题,第 7 题为开放性问题。内容涉及教案设计和教案培训方式两大部分。下面是对志愿者教师的调查问卷、志愿者教师的回答统计及调查结果分析。

1. 在出国前的集中培训中,培训机构提供的帮助(如教师讲解教案、观摩课堂、小班

试讲等)是否充分?

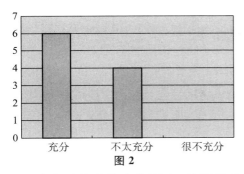

图 2

2. 在出国前的集中培训中,培训机构提供的帮助(如教师讲解教案、观摩课堂、小班试讲等)是否有针对性?

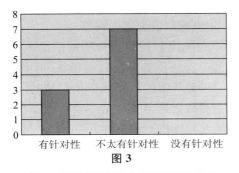

图 3

由第 1、第 2 题的调查结果可以看出,志愿者教师认为教案设计的培训还算充分,但是在内容的针对性方面似乎还有提升的空间。

3. 教案设计中很多志愿者教师都使用了密集型教学模式,你现在觉得这是否适合少儿学习者?

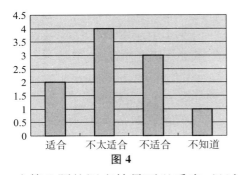

图 4

由第 3 题的调查结果可以看出,经过了一年的海外少儿汉语教学,大部分志愿者教师认为密集型教学模式不适合或不太适合泰

国(或马来西亚)的教学对象。

至于当时为何如此集中地运用密集型教学法,有志愿者教师回答:"因为刚培训过这一教学法,所以想尝试着用一下。"也有志愿者教师表示,当时觉得该教学法比较易于操作。

4. 在出国赴任前设计教案时,你认为最难设计的方面是什么?(可多选)

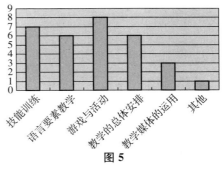

图 5

5. 经过一年的教学,现在你认为教案中最难设计的方面是什么?(可多选)

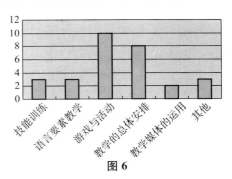

图 6

本文将志愿者教师出国前和出国后的数据进行了对比,如下图所示:

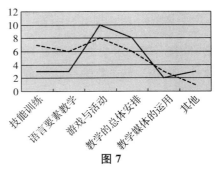

图 7

说明:虚线代表出国工作前的看法,实线代表海外教学后的看法。

19

由第4、第5题的调查结果可以看出，经过一年的海外汉语教学实践，志愿者教师自认为对语言技能教学、语言要素教学的掌握能力有所提高，而对于教学总体设计及活动、游戏的设计能力仍需提高。

6. 你认为在今后的志愿者教案设计培训时可以采用哪种教学方法？（可多选）

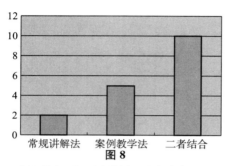

图 8

可以看出，志愿者教师对将案例教学与传统讲解法结合进行培训的方式比较感兴趣，而对单纯使用常规讲解法进行培训的方式并不十分认可。

7. 今后对志愿者进行教案设计的培训时，你认为应该加强哪些方面？

该题采用问卷与访谈结合的方式，志愿者教师的观点大致如下：

（1）要针对少儿汉语教学的特点进行培训。

一位志愿者说："其实这一点培训教师提到过，但是因为时间关系，最终没有充分展开讲。我觉得一定要针对少儿学习者的特点进行教学，注重教学互动，以切实提高学习者的参与程度。"

（2）要加强游戏、活动设计方面的培训。

游戏和活动的设计在泰国汉语教学中十分重要，也符合泰国中小学生的年龄特点及性格特点，因此志愿者教师建议今后加强这方面的培训。

要注重团体竞争式活动的设计。一位志愿者认为："尽量安排组队比赛式的活动……比如安排认读拼音的抢答游戏，四名学生为一组，通过老师手中的拼音卡片快速抢答，四人中谁回答都可以给小组加分，最后答对最多的组

获胜。学生们回答十分踊跃，气氛非常好。"

活动设计要简洁易操作。因为教学对象以青少年为主，总体的理解能力稍弱，加上志愿者教师的外语水平有限，所以设计的游戏或活动一定要简单直接。一位志愿者说："有一次我在讲到方向名词的时候，我想用'反转'的活动（即说出反义词，作者注）。实际操作中学生们无法按老师要求快速地回答，所以在学生水平还没达到一定程度的时候，活动应简单直接。"

五、分析与思考

1. 教案设计存在问题的原因

1.1 培训对象自身具有局限

17位志愿者教师均为非师范专业毕业，尽管其中有几位曾经设计过教案，不过他们认为自己对教案的认识仍是很粗浅的。大多数志愿者教师对教案的设计很陌生，不少教案还有互相模仿的痕迹。

同时，参与本次调查的志愿者均非对外汉语专业的毕业生，因此对于汉语作为第二语言教学的思路和特点认识不足。如果像要求四年制对外汉语专业的学生那样要求这些志愿者，也是不切实际的。

1.2 培训时间短，培训的针对性不够

尽管本次培训时间为两个月左右，但是学习泰语就占据了相当多的课时。另外，在课时有限的汉语教学培训中，理论讲解较多，这对于尚未有教学经验的志愿者教师来说不十分合适。

1.3 课外参考性的支持很少

已出版的有关教案设计的研究成果更为注重知识的系统性和对教案成品的展示，对于课堂细节的关注较少，因此无法给志愿者提供更细致的引导。另外，由于国内对外汉语课堂的教学对象基本上是成人学习者，而志愿者教师的虚拟教学对象为青少年，因此

他们在观摩国内高校的对外汉语课堂教学后感觉参考价值不是很大。

2. 对教案设计培训方面的建议

2.1　在培训模式中引入案例教学法

　　从调查结果可以看出,对教案设计进行培训时结合案例分析法是个不错的选择。借鉴案例,可以使培训对象对以往志愿者设计的教案中出现的问题产生直观、切身的认识,从而避免类似错误的发生。

2.2　提高培训的针对性

　　应着重针对教学对象为少儿的汉语教学的特点进行教案培训。

　　培训时还要注意教案设计应符合少儿的认知特点。比如讲解语音时不要一味机械地模仿、跟读,而是要从学生能理解的词汇入手,将其引入到原本枯燥抽象的语音学习中。

　　培训时还应引导志愿者教师积极开发互动性的活动、游戏,而不只是设计机械性的活动。

2.3　采用对比分析及反思的方法

　　志愿者在赴任前和赴任后对于教学的理解会发生变化,教学难点和重点也会有所不同。所以可将志愿者教师出国前和赴任后所写的教案进行对比性的讲解,并加上教案设计者的自我反思,这对正在接受培训的志愿者会有更切实的帮助。

六、结语

　　教案设计体现了教学者对课堂教学的设计和理解,体现了教师创造性的思考。教案的设计至关重要,在某种程度上甚至关系到海外汉语课堂教学的质量,对志愿者进行教案设计的培训有助于从整体上提高志愿者教师的课堂教学设计能力和课堂掌控能力。

　　本文调查样本有限,旨在抛砖引玉,希望今后学界对于志愿者教师教案设计及培训更

为关注,并进行更加深入的研究。

附 注

① 汉语教师志愿者项目是由国家汉办负责组织实施的一个重要项目,该项目旨在帮助世界各国解决汉语师资短缺问题,并对外推广汉语和传播中华文化。

② 在国外,一些国家已经开始重视志愿者教师教案的编写问题。2010年,泰国吉拉达学校孔子课堂与国光学校孔子课堂举办了志愿者教师教案评比研讨会。2010年,泰国教育部基础教育委员会举办了提高汉语教学质量暨教案评审会议。另据了解,中央民族大学国际汉语教研小组也在研制志愿者教案评审的标准。不过上述有关教案的研究或者并未形成书面成果,或者没有在国内正式发表。

③ 笔者就这一问题事后对志愿者进行了调查。一些志愿者教师认为课堂上可以讲英语,这显然是由于不十分了解泰国的实际情况造成的,也不十分符合第二语言教学的原则。

参考文献

[1] 陈宏,吴勇毅.对外汉语教学课堂教案设计.北京:华语教学出版社,2003.

[2] 国家汉语国际推广领导小组办公室.国际汉语教师标准.北京:外语教学与研究出版社,2007.

[3] 李润新.世界少儿汉语教学与研究.北京:北京语言大学出版社,2006.

[4] 田艳.国际汉语课堂教学研究——课堂组织与设计.北京:中央民族大学出版社,2010.

[5] 王钟华.对外汉语教学初级阶段课程规范.北京:北京语言学院出版社,1999.

[6] 谢贵华.外语课堂游戏设计与应用.广州:中山大学出版社,2006.

[7] 张和生,马燕华.对外汉语教学示范教案.北京:北京师范大学出版社,2009.

[8] 张竞楠.韩国高中汉语教学实例——《我喜欢打篮球》教案设计与实施.国际汉语,2011(1).

[9] 周健.汉语课堂教学技巧与游戏.北京:北京语言大学出版社,2004.

　　(作者简介:田艳,博士,中央民族大学国际教育学院副教授、硕士生导师,英国密德萨斯大学访问学者,主要研究方向为国际汉语教学、对外汉字教学研究、跨文化教学研究。)

孔子学院专任教师应当具备的素质①

鹿钦佞　姚　远

提　要　本文认为孔子学院专任教师应当拥有积极合作、服从大局的工作态度,应具备相当的跨文化交际的能力,应具备扎实的汉语教学的能力,同时也应具备从事一些事务性工作的能力。孔子学院的专任教师与一般意义上的国际汉语教师相比有着鲜明的特性,孔子学院专任教师需要具备的素质应该在当下国际汉语教育的语境中得到广泛探讨。

关键词　孔子学院　专任教师　素质

作为身处汉语国际传播与推广最前线的孔子学院,不仅肩负着推广汉语和传播中国文化的重任,同时也是一座沟通中外文化的桥梁。我们认为,汉语国际传播的经验、原则和规律会在孔子学院的建立和运营过程中不断得到总结和检验,这些经验、原则和规律同时也会更进一步促进我们事业的发展。而外派专任教师应当具备什么素质和如何获得这些素质恰恰是从事汉语国际教育工作的同仁们需要在实践中不断摸索和总结的。孔子学院不同于国内外大学内的汉语教学实体,也不同于各类语言培训机构,它是一个全新的事物,目前还没有专门为孔子学院来培养专任教师的官方计划和行动。现在孔院的专任教师大都是从国内大学选派的汉语教师,然而,在不同工作背景下的汉语传播对教师个人素质的要求也应该是有区别的。国际汉语教师应当具备怎样的知识、能力和素质,前人已经做过一些讨论,但面对孔子学院千差万别的工作和复杂的情况,我们认为仍有必要将孔院专任教师特别需要的一些素质和能力做一番讨论。

教育部郝平副部长(2010)对高素质的孔子学院中方院长提出了如下要求:"首先要具备较高的专业水平和外语水平,一定的管理经验以及健康的心理素质。在此基础上,还应具有综合的知识结构、广阔的国际视野、良好的创新意识和出色的执行能力,能够参与全球性的竞争与合作。"尽管郝部长所谈是针对孔子学院中方院长的,但我们认为,此要求对于我们探讨中方专任教师的素质也大有启发。我们拟从工作态度、语言等跨文化交际能力、教学能力、事务性能力等方面探讨孔子学院专任教师应当具备的素质。

一、工作态度

《国际汉语教师标准》对教师综合素质的一条重要要求是"教师应在各种场合的交际中显示出亲和力、责任感、合作精神和策略性"。"责任感"和"合作精神"是国际汉语教师的基本工作态度,没有这种求实态度和大局观念,国际汉语推广事业将难以顺利发展。

众所周知,全球各地孔子学院情况不尽相同,但工作的复杂性是一致的。刘骏(2010)提到:"大部分教师志愿者表示,他们在学校还有一些与汉语及中国文化推广关系不大的职责……"孔子学院的日常工作并不像大多数国内教师想象的那样,不论哪所孔子学院,其工作内容都是较为复杂的。以笔者曾工作过的大阪产业大学孔子学院为例,日常教学、组织各类文化活动、组织当地汉语考试、组织本土汉语教师培训、配合当地使领馆的文化宣传活动等等都属于孔子学院日常工作的职责范围。受各种条件所限,孔子学院专任人员数量上不可能很多,中方人员更是有限。孔院的所有工作,从教学到日常事务都是孔院教师必须要做的工作。工作复杂、头绪多,是孔院工作的特点。除教学外,其他琐细的工作对专业技能要求并不高,因此孔院专任教师个人对待工作的态度就显得尤为重要。由于中国外派教师在国内大都是专任汉语教师,有的甚至是教授甚或学界名师,让他们在孔院做一些琐细的工作就要求教师本人具有一定的大局意识、服务意识,以平和的心态面对全新的工作。

孔子学院是汉语国际教育的前沿阵地,教师在这里的工作不可能只面对学生,甚至可能绝大多数的时间和精力不是放在学生身上和课堂之中,而是需要负责或协助各部门做好孔院的各项日常工作。我们从国家汉办的有关部门了解到,大多数提前结束任期的外派到孔子学院的教师,不是因为自己的专业水平不够或者讲课不受当地学生的欢迎,而是因为自己难以放下姿态去从事一些与自己专业关系并不紧密的工作,从而导致孔院内部关系出现矛盾,致使工作难以开展。很

多经验丰富的国际汉语教育方面的管理者都认为,在我们这个领域里的教师,很多时候态度的重要性要高于技能。

郝平(2010)指出:"要带着感情工作,带着热情工作,带着激情工作,要以情动人,细节决定成败。"不管是大学教授还是孔院的汉语专任教师,其首要的使命都是教学,教学联系着教育实体系统的方方面面,任何一个方面的细节都可能决定事业的成败。教师如果只对某一环节感兴趣,对其他方面却缺乏感情、热情和激情的话,是难以成功完成孔子学院的日常工作的。据刘骏(2010)的调查,在美国教学的教师、志愿者们认为"热爱祖国与汉语教学事业,能吃苦,有爱心"是专任汉语教师、志愿者应当具备的素质。可见,工作态度作为一种素质,已经成为赴孔院任教的教师(志愿者)的共识。因此,我们认为,积极合作、服从大局、吃苦耐劳的态度是孔子学院之魂,是专任教师必备的态度。

二、跨文化交际能力

1. 语言

在所有跨文化交际能力当中,语言能力首当其冲,是重中之重。《国际汉语教师标准》(标准二)要求教师应至少掌握一门外语,并能够综合运用。很多人认为英语可以"包打天下",这种理解有一定的合理性,但是实际情况往往并不如此乐观。我们通过分析《第四届孔子学院大会交流材料》发现,孔院办公室的人员多由一个中方院长、一个(或多个)中方专任教师及志愿者以及当地的事务人员等组成,懂中文的外方院长和教师是不"常驻"办公室的。办公室语言最常用的还是所在国语言。在非英语国家中,办公室内懂汉语的或是懂英语的当地事务人员并不多,而孔院专任教师恰恰是每天都要与这些人打交道。通常来讲,当当地事务人员不通汉语

而中方院长或教师又不通对象国语言的时候,双方只能通过英语沟通;当一方英语能力欠缺时,就只能等待外方院长或教师来翻译,这就很可能错过最佳的工作时机。因此,为了出色地完成办公室日常工作,有必要懂得对象国语言。郝平(2010)指出:"精通对象国语言是建立友谊,增进互信和扩大交流的基础。"不懂所在国语言往往无法在第一时间把中文文件准确地传达给外方,或把外方的决议尽快传达给我方,也无法直接参与若干重要工作,使得双方在互相理解上、在工作安排上都会产生误解甚至矛盾,更会使人手本来就相对紧缺的孔子学院出现有人难用力的困境。

2. 观念

不同国家之间往往有着很多工作方式和观念上的不同。以日本为例,日本人格外强调文案的效力,我们对一份文件的理解和他们的理解往往出入很大,原因在于我们在解读官方文件时有时会留有余地,而日本人却习惯丁是丁,卯是卯;日本人财政上讲究预算制,他们日常的花费格外小心翼翼,因为年初的预算是不能改变的,这使得他们连买信封的钱都要做进预算;日本人很讲究团队精神,哪怕是集体聚餐饮酒,个人也不应根据自己的个性远离团队,等等。这些都是与中国人的做事习惯不同的。

郝平(2010)指出:"知己知彼,加强对对象国国情文化的学习。"任意两国之间都会存在或多或少的文化上、观念上的差异,如果我们没有充分认识到这些差异,那么就很难融入到对方的工作中去,矛盾和龃龉便会时有发生。在日本某孔子学院,我们遇到一个情况,该孔院某位中方教师是一位非常优秀的汉语老师,在国内大学广受欢迎。但该教师不习惯那种聚会上觥筹交错的应酬方式,甚

至每次孔院集体活动他都托词不参加。长此以往,日方人员均认为此教师缺乏团队精神,难以与之合作沟通,最后中方合作大学不得不将其召回,另派专任教师。个人习惯本无可厚非,但在不违反原则的前提下,不能一味迁就自己的习惯,也要充分尊重对方的观念和习惯。

其实,观念上的种种差异不是不可调和的,入乡随俗,要顺利完成工作当然要尊重对方的工作方式和思路。孔子学院毕竟是中外合办,工作场地和人事配备多由外方提供,所以在处理问题时不能过分强调中方意志,要有谦虚、尊重和学习的态度,有不同意见时要积极和外方沟通,意见达成一致后再实施。碰到问题要认真对待,及时解决,在坚持原则的基础上充分尊重外方的观念和行为方式。

3. 姿态

很多孔子学院中有来自当地社区的汉语学习者,他们与中国人接触的机会甚少,只在每周一到两次的汉语课上跟来自中国的汉语教师有一点接触,因此,汉语教师的形象在他们心中就是中国人的形象。在别国与当地人打交道往往会遇到各种各样由历史、现实或者文化差异带来的敏感问题,这需要我们时刻提醒自己要表现出良好的姿态。中国古代文化的精髓正随着汉字传播到世界各地。然而,现在中国的社会状况是怎样?老百姓对于生活的想法是怎样?这些问题的答案未必都为各国民众所知。在一些国外媒体的影响下,不少外国朋友难免产生一些误会。此时,汉语教师表现出的姿态尤为重要,这在很大程度上可以影响学生对中国的认识,甚至可以改变他们以往的一些错误认识。

我们在跟孔院学生接触时发现,很多学生对于中国的政治制度颇多诟病,有人甚至觉得中国百姓生活在水深火热之中。汉语教

师就属于中国的普通百姓,汉语教师的姿态最能证明中国人目前的生活状况。因此,我们在国外教学时,应该以正面、积极的形象面对学生,让他们了解中国的政治制度是合理的,百姓是幸福的,中国的民主法制建设几十年内取得了长足的进步,我们对中国的未来充满了信心。我们发现,积极、乐观、向上的姿态总能感染那些曾经对中国持怀疑态度的学生,通过与我们接触,学生们都会相信:"中国是一个幸福的国度。"

很多发达国家在传播自己本国语言的同时,都在进行着价值观和意识形态的传播。因此我们在教授中文、传播中华文化的同时,也需要适当地把当代中国的情况向学生进行介绍,让他们懂得,了解中国最有效的办法就是要相信自己的头脑和眼睛。郑定欧(2008)语重心长地指出:"要建立中国自己的价值观,让人家认识、理解、尊重我们的价值观。我们思考世界,谋求平等的沟通,只能求诸于我们自身。这要求我们在汉语国际推广的发展过程中百倍谨慎地面对还是相当不理想的国际舆论环境,每时每刻询问自己:我是一个合格的价值观输出者吗?"价值观和意识形态也许不可"言传",但完全可以"身教",一个有良好姿态的汉语教师,他(她)的一举一动、一言一行都可能为我们国家的方方面面赢得良好口碑。

4. 人际

刘骏(2010)调查显示,孔子学院教师、志愿者在日常工作中遇到的困难之一便是如何处理与其他教师、学院领导以及其他志愿者之间的人际关系,这一问题的难度仅次于汉语课堂教学管理。可见,处理好人际关系是孔子学院专任教师不可忽视的一项重要的基本素质。

中国文化深受儒家思想影响,中国人待人接物彬彬有礼,即所谓"给面子,留余地",这在日常生活的方方面面都有体现。同受儒家文化的影响,日本人和中国人一样讲究礼仪,但日本人似乎更加极端。日常工作中,从办公室内不同时段的问候方式到言谈举止的细节,从互送礼物的习惯到家庭访问的礼节,诸如此类的种种交际礼仪跟当今中国人的习惯还是有很大不同,值得我们认真对待。在其他一些与中国传统文化渊源甚浅的国家,人际间交往的方式和习惯与我们的区别就更大,就更需要教师精心做一番功课。很多时候,恰当的问候、合宜的礼物,甚至一个电话、一顿便饭都能让对方感受到我们的热情。如果让对方了解到我们是容易相处的,是容易合作的,那么工作开展起来就会顺风顺水;否则,对方总是感觉到与我们之间存在隔阂,那么任何事情都有可能遇到想象不到的阻力。

日本办公室里的文化是,年轻的女性往往要做一些烹茶送水、清洁洒扫的琐事。我们接触到日本某孔院的一位年轻的中方女志愿者,她在办公室里很少和其他日方女孩子一起做这些工作。几周下来,日方的事务人员开始明显对她敬而远之,有时甚至面对正常的工作他们配合的积极性也显得不高。而当这位志愿者意识到了自己的问题之后,便及时改正自己的不足,很快便建立起了自己在办公室内的人际圈子,最后出色地完成了外派任务。

总之,在人际交往中,我们表现得越让外国人觉得得体,就越容易获得他们的好感,自然也就更容易推动工作的进展。

三、教学能力

"术业有专攻",汉语专任教师最根本的工作还是汉语教学,因此教学能力自然成为诸多能力中的最关键的一项。

1. 汉语本体知识

通过对全球孔子学院的职能与工作范围的研究发现,不管哪一所孔子学院,其课程设置和教材配备情况都反映了孔院的汉语教学主要还是基于传统的语言结构教学。因此,教师对汉语本体知识的掌握就显得格外重要。学生在课堂上出现的问题主要还是集中在语言结构本身,若能在第一时间找出问题的所在并能及时纠正偏误,便能取得非常好的教学效果。举例来说,当学生说出"＊我们俩认识了十年"这样一个句子时,有经验的老师会当机立断,把"V＋时段＋了"与"V＋了＋时段"的区别给学生讲清楚。再如,学生的造句会出现这样的错句,"＊小王把我的自行车骑了",教材和一般语法书上都没有交代"把"字句的这一表义限制,如果教师不讲清楚的话学生就不可能顺利习得。类似这些语言本体知识都是内功,其重要性要凌驾于一切方法和技巧之上,作为汉语教师务必掌握。各种丰富多彩的教学手段固然重要,但教师如果没有掌握这些基本的汉语言本体知识,便无法从事汉语教学。

2. 教学方法

孔子学院的汉语教学工作有几个特点:第一,学员汉语能力参差不齐;第二,学时少,任务集中;第三,学员学习目的不同;第四,非目的语环境下的全目的语课堂。(鹿钦佞,2011)这就意味着教师仅掌握汉语本体知识是不够的,还需要掌握有效的方法,让复杂的学员结构变得相对整齐,让紧张的学习时间变得相对宽松,让难懂的汉语课变得相对容易。众所周知,孔子学院聘请中方专任教师的重要目的之一就是将中国教师的汉语课堂带到孔院。然而,在非目的语环境下组织一个目的语课堂谈何容易。刘骏(2010)的调查显示:"大部分参加调研的教师志愿者

(97.03%)表示课堂管理知识是赴美进行汉语教学的教师最重要的基本素质。""他们普遍认为课堂管理是最主要的基本素质。"中国教师的课堂教学方法和管理方法往往不能适用于海外的汉语课堂。

为了让全汉语的课堂显得简洁、有效、乐趣丛生,我们应采取多种有效的教学方法。比如我们可以采用多媒体教学的方式,用课件轮替的方法来提示课堂活动,以此尽量简化课堂指令用语;用丰富的操练环节和音画、图片等辅助教学材料来减少教师讲解的时间,让学生不怎么用"听"老师说,通过"看"和"想"便能"说"出准确的汉语。这样的方法经实践证明是有效的。

课堂教学方法以及管理方法是考量汉语教师能力和素质的一大试金石。一位才高八斗的教师如果无法通过恰当的方法和途径让学生轻松快乐地接受汉语知识,是无法成为一位真正的好老师的。

3. 文化和政治

"中国文化"与"中外文化比较与跨文化交际"分别是《国际汉语教师标准》对于教师的素质和能力的要求。我们知道,渴望学习汉语的外国人中,有很多人对中国的了解比较深入,对中国历史和文化的认识也有很多独到之处。比如,常常会有学生问类似的问题:"京剧"是北京的代表剧种,但它的念白为什么不说北京话或普通话?长江在日语中为什么叫做"扬子江"?为什么"差不多先生"在中国饱受诟病,而日本人却可以理解甚至比较推崇这种人生态度?你参加过国家主席或者市长的选举活动吗?……面对诸如此类的问题,如果我们对中国文化以及政治制度等没有较为深刻而全面的了解,是无法当场回答的。

中国传统文化对于汉语学习者来说,其

魅力毋庸多言,当今中国的政治、人文环境也是外国人很希望了解的。比如,外国人常常会在他们的报纸上见到对中国民主和人权问题的指责,然而对于中国具体的政治制度和人文环境他们却不是很了解。汉语教师应当对我国的人民代表大会制度、政治协商制度、选举制度、民主法治进程等有全面的了解,这样才能给汉语学习者作出合理的解释,以消除误会、增进理解。

4. 汉外语言对比

崔健(2008)指出:"母语环境中的第二语言教材的表述和教学过程通常要借助于母语,因而有助于传授知识,有利于对知识的理解,可以收到'画龙点睛'之功效。"身处汉语国际推广的前沿阵地,不懂如何运用学生母语和汉语进行对比,就很难在国别化汉语教学中收到"画龙点睛"之功效。比如,汉语中有一种现象:如果被提及的长辈或上级等尊者在言语现场,说话人是不能使用"他"来直指的。(木村英树,1990)例如:

(1) * 学生甲:"他是……?"

学生乙:"他是我的恩师。"

同样,韩语的情况也大致如此,崔健(2002)、金顺吉(2009)对此现象均有过论述。例如:

(2) * 그는 저의 은사님이다.(他是我的恩师。)

他　我的　恩师 是

通过对比,韩国学生会很容易理解汉语中的第三人称代词不能乱用这一规则,而这基本是不需要学习的。不仅限于韩语,如果教师善于对比,或者善于引导学生主动进行对比,就不难发现,很多语言跟汉语有着很多相同、相似或者相悖的现象。国际汉语教师若学会利用汉外两种语言的对比,充分利用正迁移的效能,极力避免负迁移的后果,会使得汉语教学事半功倍。

四、事务性能力

在课外时间,孔院教师绝大多数时候要坐在办公室里处理各类事务性的事宜。比如孔院日常工作中会有数量较多的中文文件需要起草或者制作,如各类总结、报告、请示、会议纪要、报表、新闻报道等,这些文件中有一部分是要由教师起草的;再比如,孔院时常要与国家汉办或国内大学、当地使领馆及当地校方之间进行书信来往,电话、传真源源不断,这些工作也有一部分要由教师承担;孔院内部的维护,如图书分类、整理,会展布置等等,从脑力到体力各项工作都需要教师身体力行。这些事务性的工作比较琐碎,但每一方面都需要有人去做,中方教师责无旁贷地要承担起大部分的工作。

2009年12月,大阪产业大学孔子学院迎接山东省京剧院赴日巡演,笔者作为孔院专任教师参与了筹备工作。从协调赴日日程,到在产大演出的宣传、票务、场地布置、摄像、报道等方方面面的工作,我们都参与其中。传真机、复印机、电话机常常同时工作。这些事务性的工作看似平常,其实它们不仅需要教师有着高度的热情,更需要教师有较强的统筹、协调和调度的能力。这些工作与教师本人的专业背景大都没什么关系,但它们却能反映出一位教师的综合素质。在汉语国际推广的广阔舞台上,谁各方面的素质高、能力强,谁就能胜任高复合性的工作,这是毋庸置疑的。

五、总结

教育部部长、孔子学院总部理事会副主席袁贵仁同志在"第四届孔子学院大会"的闭幕式上发言指出,对孔子学院院长和教师要"加强培训。中方院长和教师上岗前必须经过培训,扩大非英语语种汉语教师培养和培训的规模,对现有中外孔子学院院长和教师实行全员轮训"。(袁贵仁,2010)可见,关于提高孔子学院中方院长以及专任教师素质的问题已经得到教育部、孔子学院总部高层领导的关注。然而,在对孔子学院专任教师的培训中应当着重提高哪些方面的素质似乎还没有一个统一的认识。

郝平(2010)已经对孔子学院中方院长的素质提出了若干要求,《国际汉语教师标准》也已经对从事国际汉语教学工作的教师应具备的知识、能力和素质进行了较为全面的描述。然而,作为一个新鲜事物,孔子学院及其专任教师还在摸着石头过河,没有一个现成的东西可以完全指导孔子学院的实践。因此,我们在此抛砖引玉,希望更多的人加入到对孔子学院的专任教师所需具备的知识、能力和素质的讨论中来,为汉语国际传播的伟大实践贡献智慧。

附注

① 本文得到了"上海外国语大学青年教师科研创新团队"项目的资助。

参考文献

[1] 崔健.韩汉范畴表达对比.北京:中国大百科全书出版社,2002.

[2] 崔健.关于加强国别化汉语教学的几点思考——以面向韩国语母语背景者汉语教学为例.见:郭鹏等主编.汉语国际教育研究.北京:北京语言大学出版社,2008.

[3] 国家汉语国际推广领导小组办公室.国际汉语教师标准.北京:外语教学与研究出版社,2007.

[4] 郝平.中国情怀 国际视野——浅谈孔子学院中方院长的必备素质.国际汉语教育,2010(1).

[5] 金顺吉.韩汉语人称代词的对比研究.上海外国语大学博士学位论文,2009.

[6] 刘骏.赴美国际汉语教师志愿者调研报告.孔子学院,2010(3).

[7] 鹿钦佞,吕林.大阪产业大学孔子学院简介.洪立建主编.全球语境下的汉语教学(待刊).

[8] 茅海燕,唐敦挚.对外汉语教师及其培养模式探索.高校教育管理,2007.

[9] 席格伦,姚载瑜,鲍勃·埃利奥特,高默波,简·奥顿,罗相,郜元宝.我们需要什么样的汉语教师.孔子学院,2009(4).

[10] 袁贵仁.在第四届孔子学院大会闭幕式上的总结讲话.孔子学院,2010(1).

[11] 郑定欧.汉语国际推广三题.见:蔡建国主编.中华文化传播任务与方法.上海:上海人民出版社,2008.

(作者简介:鹿钦佞,文学博士,现任上海外国语大学国际文化交流学院讲师,曾赴日本大阪产业大学孔子学院任教;姚远,文学硕士,现任上海外国语大学国际文化交流学院讲师,曾赴德国海德堡大学汉学系任教。)

北美汉语教学观察
主持人：朱永平

主持人按语：

　　记得 2004 年冬季北京曾经召开了一个海内外互动互补汉语教学研讨会，海内外的著名大学和对外汉语教学界的专家学者在会上互相切磋，探讨商榷，取长补短，相得益彰；会后，专家的演讲应要求纂辑成书。此项活动对海内外对外汉语教学的"互相促动，互相补充"无疑产生了很大的影响。吴星云老师下面这篇文章以小见大，用解剖麻雀的方式让我们更深刻地了解到一所美国公立大学非常详细的对外汉语教学的课程设计、教材运用、学生组成、教学理念及教学方法。文中指出，北美很多优秀中文项目的成功之处在于一直恪守汉语语言教学界的开山鼻祖赵元任先生的实用教学理念，即：**课堂教学应该"想法子让学的人跟语言本身接触"。** 文句平白质朴，但却高屋建瓴，蕴含着汉语教学的真谛。本文作者两赴威斯康星大学教书，从一个国内汉语老师的视角来探讨海外一所大学的汉语教学，自有独到新颖之处。从事对外汉语教学的有识人士一定会对照"拿来"，知彼以强己，在借鉴了解中得到有益的启发。

美国威斯康星大学
中文教学初探
—— 当代美国汉语教学的个案研究

吴星云

提　要　　威斯康星大学是美国比较典型的公立高等学府，其中文教学开展多年，已具有一定规模并形成自身特点。本文尝试从其发展历史和现状出发，通过考察和分析其中文教学特点，说明其中文教学既是北美由赵元任开创的中文教学理念和传统的具体体现，同时也带有其自身特色。此外，其当前教学中所面临的问题也在一定程度上反映了教师和教材对于美国高校中文教学项目可持续发展的重要性。本文的目的在于通过一个汉语教学项目的个案,从一个侧面展现美国中西部地区高校的中文教学状况。

关键词　威斯康星大学　中文教学　特点　问题　赵元任

威斯康星大学(University of Wisconsin,以下简称 UW)是美国中西部比较典型的公立高等学府。在全美大学中,其教学质量、研究能力和学生素质一直受到普遍认可,属于综合排名前二十几位的著名高校。其主校区位于州府麦迪逊(Madison),拥有人文社科、数理化工、生物医药、电子通讯、农林园艺等众多学科院系。其中,东亚语言文学系(East Asian Languages and Literature,以下简称 EALL)负责中文及其他专业的教学与相关研究工作。

UW 的中文教学肇始于 20 世纪 50 年代末。就其历史和名气,不能说是北美中文教学领域翘楚,但在北美高校中有一定代表性。其产生、发展,以及至今所形成的规模和格局,可以从一个侧面反映美国中西部高校中文教学与研究的一般状况,其教学模式和特点在一定程度上体现了美国高校中文教学界主流教学理念的一些基本特征。对于深入了解汉语在当代美国不同地区的教学和传播,UW 的中文教学无疑是一个值得关注的切入点。

美国中西部一般包括密歇根、印第安纳、威斯康星、伊利诺伊、明尼苏达、艾奥瓦、密苏里、堪萨斯、科罗拉多等九个州。①各州均有规模较大的大学,如密歇根州立大学、印第安纳大学、明尼苏达大学、华盛顿大学以及位于芝加哥的西北大学等。尽管就中文教学而言,各大学均有一定规模,但 UW 的成绩还是相当突出的。一个显著的表现就是其学生中文水平往往经得起公开检验。在历年由中国国家汉办举办的"汉语桥"比赛美国中西部地区选拔赛中,UW 的学生只要参加,都能够取得比较好的成绩,且能够在比赛中胜出,被选派参加复赛。在每年州内中文演讲比赛中,UW 的学生几乎可以网罗大学组全部比赛奖项。此外,每年暑假期间,在美国大学北京暑期班项目共同举办的中文演讲比赛中,UW 的学生与来自哈佛大学、普林斯顿大学、哥伦比亚大学等美国"常春藤"院校的学生同台竞赛,也能取得非常不错的成绩。学生的良好表现是教学质量的有力证明。UW 的中文教学质量源于其多年来逐渐形成的教学规模和教学模式,源于这个项目的自身特点。具体有以下几点:

一、多渠道优化和丰富教学资源

教学资源是目前汉语国际教育和传播的热点问题之一。编写针对性、适用性更强的新教材,探讨研究更具效力的新教法,培养更具跨文化能力的新教师,以及研发更多高科技教学辅助材料等,是目前国内对外汉语教学加强教学资源建设所致力的方向。然而,对于情况更为错综复杂的国外中文教学领域而言,如何在已有条件下尽量优化并丰富自身教学资源,可能是更符合实际,也更为务实的选择。就教学资源而言,美国高校的中文项目大致可分两类,一类是资金相对雄厚的中文项目,例如一些知名的私立大学,像哈佛、普林斯顿、哥伦比亚、耶鲁等,其中文项目有条件不断充实和完备师资、教材、教学辅助设备等。另一类是像 UW 等众多公立大学的中文项目,由于经费和其他主客观因素,教学资源不足,发展可能很受限制。但 UW 中文项目比较善于充分利用现有条件,多渠道优化和丰富教学资源,将中文教学项目办得有声有色。

1. 稳定生源,吸引高素质学生

学生是教学中最具生命力的资源,拥有高素质的学生是一个中文项目成功发展的首要基础。UW 是美国中西部名校,在这一广大区域拥有较高声誉。中文项目凭借这一优势吸引高素质学生,使学生的基本素质得以保障。在 UW 学中文的学生基本来自美国中西部各州中产家庭,作风纯朴,踏实肯学,积极上进,具有良好品格。其中大部分对中文兴趣浓厚,学习刻苦,学习动机强烈。在学生构成上,由于地域的缘故,学生长期以来以没有任何中国文化背景的当地学生为主,近年由于移民过去的华人家庭增多,华裔学生开始进入中文课堂,但在人数上还不占优势。此外,受近年全球及美国国内经济形势的影响,UW 选修中文的学生人数虽有波动,但从 2006—2010 年的连续五年中,中文课程每学期人数都在 300 人以上[②],因此学生人数基本稳定。持续稳定的生源以及高素质的学生无疑是 UW 中文教学保持规模并形成特色的基石。

2. 完善课程体系,满足多样化需求

在学生学习中文的需求走向多元化的国际大背景下,美国各高校的中文课程也从单一走向多样。在充分考虑现有师资、教材、教学手段以及教学设施的基础上,UW 的中文项目也在尽力完善其课程体系以适应多元化市场。目前所开中文课程可从三个层面满足学生。第一层面属于公共外语类,共有四个年级八个学期的中文语言技能课。第二层面属于专业类,在中文语言技能课基础上,增加古代汉语、汉语语言学、中国文学、中国思想文化等课程,供中文专业学生选择。第三层面是专项技能类课程,如交际汉语、商务汉语等,是 2011—2012 年 UW 中文项目的新增课程,学生在修完一定中文技能课程基础上进一步修完这些课程,可获得中文专项技能证书(Certificate)。三个层面的课程既有交叉又各自侧重,形成了比较完整的课程体系。同时,各课程在长期教学中所积累的教学材料,包括教材、教具、多媒体课件、音像资料、考试题库、练习题库等,也成为中文项目持续发展的重要依据和资源。

3. 统筹师资,协调语言与文化教学

UW 中文项目的师资与美国其他高校相比不是最强,主要原因是熟练掌握中文的教师较少,教学质量不易保证。但另一方面,因为该大学中文项目是博士项目,这里的教授较多,所带的博士研究生不少,在汉语语言学、中国文学、中国思想等方面学术力量较强。因此,中文项目一直在尝试将几方面教师资源加以整合,使中文项目尽可能做到语言技能教学与文化知识教学协调统一。其实际教学工作主要由两部分师资共同合作完成,其中,语言学专业(Chinese Linguistics)的教授负责中文语言技能各年级的教学工作(包括现代汉语和古代汉语),并负责训练中文助教(TA),培养年轻师资。中国文学、中国思想(Chinese Literature,Chinese Thought)方向的教授则负责其他文学、文化类专业课程的教学工作。通过二者配合,使有限师资发挥最大效能,从而使中文项目的教学质量有最根本的保障。

4. 利用国际资源,加强合作交流

鉴于自身教学资源有限,UW 中文项目非常注重寻求来自校外、特别是来自中国国内的支持,积极开展国际合作交流,鼓励学生申请赴中国学习。例如,EALL 的中文学生只要个人有意愿,就可以申请赴中国的交流项目,并可以得到相应的奖学金资助,进行为

期两月至一年不等的中文强化训练,学习成绩记入 UW 正式学分。这些交流项目的合作方基本为中国著名高校,如北京大学、清华大学、南开大学以及台湾大学、台湾师范大学、政治大学等。③其中,以每年夏季赴天津南开大学的汉语暑期班项目规模最大,成绩也相对突出。该项目于 2004 年启动,至今已办 8 期,平均每期约 50 人。在两个多月的强化学习后,学生的汉语交际能力和各项语言技能都有显著提高,该暑期班项目已成为在 UW 中文学生中最有影响力的国际交流项目之一。

二、恪守中文教学基本理念,严把基础教学质量关

作为有着半个多世纪历史的中文项目,UW 的中文教学非常注意了解和吸收北美二语教学领域的相关经验,尤其是在中文教学方面的成熟理念,并根据自身情况进行调整,逐渐形成了自身风格。总体上,其教学模式是紧紧围绕着确保基础教学质量而构建的,这既是当前北美中文教学基本理念的反映,同时也是其自身特点的具体体现。其教学模式主要建立在课程组织管理和课堂教学法这两个框架之下。

1. 大小班制教学及其管理

中文课教学采取大小班形式,可以说是美国许多高校中文项目的普遍做法。由于教育体制的原因,美国大部分公立大学中文师资编制较少,学生相对较多。在这种情况下,大小班制度能够做到以有限的师资进行最大限度的教学,并能基本确保教学质量,实现对教学的有效管理。因此,即使是一些知名大学如哈佛、普林斯顿、哥伦比亚、耶鲁等,其中文项目也大都采取这种形式,UW 也不例外。在 UW,各年级仅配有一位大班老师(instructor),一般由汉语语言学教授或访问教授担任,小班老师则全部是本系攻读中国文学、思想或语言学方向的研究生(TA),且一两年就会更换。由于教学“熟手”有限,这种大小班制度发挥了其最大的优越性,使 UW 的中文课在教学管理层面基本上能做到三个“科学有效”:

(1) 教学输入与输出科学有效。大班老师负责包括字、词、语法、句型、课文等所有新知识点的课堂输入,小班老师通过对学生的反复输出训练,实现对大班输入新知识点的复习,如此循环反复,将课程波浪式向前推进。教学内容得以高度控制,不以个人为转移,也就意味着教学质量有所保证。

(2) 课程管理科学有效。大班老师制定课程管理规则,包括对学生上课、考勤、作业、考试、成绩评定、奖励等各项作出具体规定,以教学大纲等形式发布,并会同小班老师讨论细则,达成一致标准,各班遵照执行,最大限度确保对学生各项表现给予公平合理的评估和管理。

(3) 教学督导科学有效。大班老师一般从事过多年中文教学工作,经验比较丰富,因此对本课程小班老师(TA)负有督导与训练之责,除在每周的备课会上对其教学提出建议、听取意见外,还需要定期听课,对其教学作出评估,指导并督促小班老师改进教学、尽快成长。

2. 围绕听说法组织操练,精准之上追求流利

UW 的中文项目非常重视给学生打基础,因而在学生刚进入项目的前一两年主要使用听说法对其进行基础训练。“听说法”与“直接法”同源,属于结构主义语言教学法流派,20 世纪早期在欧美外语教学中风行一时。将直接法和听说法的合理成分结合,并首次将其引入北美中文教学实践的是赵元任这位“汉语语言学之父”、“结构派的大家”。早在 20 世纪 20 年代初他就开始在哈佛大学“教西方人学习中文”,且“历来主张用直接法”。其

后虽然世界语言学界经过乔姆斯基革命,关于第二语言的教学法日趋多样化,诸如交际法、功能法、任务法、认知法等,也陆续影响到中文教学领域,但综观当前北美高校中文教学,"赵氏创立的模式不仅没有被取代",反而凸显出更为强大的生命力。从哈佛、普林斯顿、哥伦比亚、耶鲁到 UW 等,不少以无中华文化背景的美国学生为主要教学对象的高校,几乎不约而同一致遵循着这一传统。在 UW,赵元任开创的这一海外中文教学法基本理念具体表现为以下三点。

2.1　课堂教学注重营造中文语境

海外中文教学能否有效,关键在于课堂。赵元任反复强调课堂教学应该"想法子让学的人跟语言本身接触"(赵元任,1980:159)。因此,营造一个适当的中文语境成为课堂教学的首要任务。在 UW 的中文课上,这种语境观主要表现在两个层面。一是力求课堂教学语言完全中文化。除一年级大班课(lecture)由于学生缺少汉语基础而部分使用英语进行讲解,小班课穿插使用少量英语来进行中文操练外,二至四年级无论大小班均要求教师尽可能用中文进行教学,年级越高贯彻越到位。二是课堂教学内容语境化,即无论大班输入型讲练还是小班输出型操练,都是在语境中实现的。以二年级一堂主题为"医疗保险"的大小班课为例,大班课依靠课文所提供的语境,讲练了重点生词"医疗保险、心脏病、急病、严重、有名、看病、做手术、决定"以及句型"等下去、加上(表附加原因)"等之后,小班课则设计出如下提问,将上述内容带入操练:(1)你有医疗保险吗?你的医疗保险可以帮你做什么?(板书:看病/急病/心脏病、严重、做手术。)(2)有的人生了病却不去看病,为什么?那你呢?(板书:生……病、医疗保险、等下去。)(3)你生了病不能等下去,

你决定去什么样的医院看病?为什么?(板书:生……病、决定、有名、加上。)这几个提问将学生引入与其生活息息相关的语境中,从一个很小的侧面体现了课堂教学语境化的原则。

2.2　操练是课堂教学的主要形式

根据赵元任的教学理论,语言学习是一种技能训练,课堂练习至关重要,犹如让游泳学员到水里去"游"。原哈佛大学中文项目负责人冯胜利教授也认为,任何一种外语教学法的优劣,"均需以其能否带来或产生更多、更有效的'训练效应'为准则",强调的也是课堂训练的重要性。UW 的中文课历来秉承这一准则,即无论教师采取何种手法组织教学,大量的操练是课堂最主要的形式,且贯穿低、中、高水平的所有课程。小班课要求教师为实现操练而进行大量语境式提问;大班课力求精讲多练,教师将新语言点带入语境式练习中,通过大量操练,使学生达到学习和掌握新知识的目的。此外,不论大小班,学生单说与合说密切结合,是实现操练"量"的另一保证。

2.3　在精准基础上追求流利

学好中文,发音准确是基本功,准确必须是流利的基础。这是赵元任早年所编教材《国语入门》中所体现出来的精神。尽管由于所依据的语言教学理论不同,"准确"与"流利"的关系至今仍然有诸多争议,但赵氏的这一精神历经数十年依然在北美中文教学界有着牢固的影响,他的"发音训练要从严,目标是百分之百"的著名论断,以及先语音、次语法、再词汇的习得顺序,至今仍然是北美一些以训练严格、成效显著而见称的中文项目一致奉行的准则。同样的,这一准则在 UW 的中文教学中也得到严格贯彻,主要表现就是严格纠错,特别是对于发音和语法的错误。

纠正错误是大小班教学活动的重要一项,始终贯穿在各年级教学中,并因年级不同而各有偏重。例如一年级主要是纠正发音;二年级继续纠音并注重语法的准确性;三年级以上则在语篇表达的层面上更多地进行语法、词汇的纠错。这样层层递进,目的就是为了打好牢固基础,从而最终真正做到流利。

因为教学注重基础,UW 的中文学生往往能够在较短时间内做到发音准确,句子结构完整规范,为在日常生活中顺利得体地进行交际打下了比较牢固的基础。

三、教学研究双向互动,致力项目整体发展

与国内高校将下属院系区分为研究型和教学型的做法有些相似,美国高校的中文项目也大致可以区分为两种类型。有的美国高校,如普林斯顿、哈佛、哥伦比亚、耶鲁等,中文教学和其他与中国有关的东亚研究(如汉学、中国学等)区分比较严格,语言教学可以自成一块,招聘教师基本采取讲师制(lecturer 或者 instructor),聘用期较长,中文教师可专门致力于教学和教学研究,与东亚研究没有太大关联。另一类是在一些州立大学,基于体制、资金等原因,在考虑中文教学时一般会从整个东亚研究学科发展的角度出发,努力寻求中文教学与东亚研究的结合点,力争教学研究互动,使中文项目能够整体发展。这个教学与研究的"结合点"最主要的表现就是中文教师的选拔和聘用,往往在强调其中文教学能力的同时,也更注重其学术研究潜力。这一点在 UW 中文项目中表现比较突出。

首先,UW 中文教学项目所在的 EALL 学术研究师资力量相对雄厚,设有中国古典文学、中国现当代文学、中国思想、汉语语言学硕士点和博士点。各方向的教授在从事本专业研究和培养研究生的同时,也开设一些本科中文专业的选修课。而中文教学现有两位正职教授,他们在中文语言课教学之余,也还需要从事语言学本体研究和开设研究生课程。

其次,在中文助教(TA)的选拔上,首先注重其学术研究潜力,在此基础之上培训其中文教学能力。EALL 拥有规模比较大的博士项目,每年从中国招收一定比例的博士生,他们在进入 EALL 后往往具有双重身份,既是博士生又是中文助教。在长达三四年的时间里,他们既学习又工作,在从事自身领域学习研究的同时,也不断地接受中文教学培训并进行教学实践,因而在毕业之后就业时,他们往往既能从事理论上的学术研究,也能胜任具体中文教学,成为教学科研的"双面手"。

从短期效应来看,UW 中文项目的这种教学科研互动模式有一定局限性,主要表现在中文教学成熟师资相对较少,总是在培养"新人",因而可能会给教学工作造成一定的波动和不稳定。但从长远眼光来看,这种模式自有其意义。美国高校的中文教学需要科学发展,因而也需要教学科研的"双面手",UW 中文项目的这一特点,一定程度上可以理解为是为美国中文教学培养能力比较全面的后备力量。

四、存在的问题与引发的思考

作为美国典型公立大学的中文教学项目,在资金、师资以及其他教学资源都有限的客观条件下,UW 中文项目尽量做到稳定发展,项目规模和教学质量均比较有保证,然而一些可能会制约其向更大空间发展的因素,仍然是需要进一步关注的。

1. 教材的配套与体系

UW 中文项目由于师资有限,很难把精力放在教材编写上,因而多年来不曾像普林斯顿、哈佛、哥伦比亚、明德等学校的中文项目那样编出适合本校使用的中文课本,仅根

据需要选择使用北美其他机构出版的教材。近年一二年级通常使用由姚道中等编著、Cheng & Tsui Company 出版的《中文听说读写》（Integrated Chinese，Level One & Level Two），三四年级则选用普林斯顿大学编写出版的高年级教材《事事关心》（All Things Considered）以及《无所不谈》（Anything Goes）。由于编写思路和对教材的理念不同，这两类教材虽各具特色，分别来看都属于被广泛使用、颇负盛名的优秀教材，但合在一个中文项目中使用，不免会出现一个衔接的问题。特别是学完一二年级的《中文听说读写》后转接三年级的《事事关心》，词汇量突然变大，书面语言大幅度增加，话题急转，由日常生活交际转入社会问题探讨，学生普遍感到一下子难以适应。因此，一个符合自身情况、稳定而循序渐进的教材配套体系是必须要有的，它所产生的持续的前后衔接式效应，可以使学生的语言知识技能呈螺旋式上升，在巩固前一阶段学习成果的同时，比较顺利地进入到下一阶段学习，从而也就保障了整个教学的完整性。教材配套、体系完整应该说是高质量中文项目的一个重要标志。

2. 中文助教的培训与能力提升

在正式教师编制少的现状短期内不能有所改善的情况下，年轻助教在中文教学中所发挥的作用就至关重要。怎样尽快提升他们的教学能力，是美国多数开设中文项目的高校积极思考的问题。例如普林斯顿大学、哈佛大学、明德学校等，都有一套行之有效的训练模式和方法。UW 的中文教学所依赖的年轻助教总体素质不错，且大多数态度认真、工作严谨，也不乏教学热情，但在教学能力和技巧上水平参差不齐。今后，如何形成一个比较良性的培训机制，在不影响其正常学业的前提下激发其教学潜力，尽快成长为教学熟手，可能是 UW 中文教学项目需要思考和努力的一个方向。

附注

① 这里指中国驻芝加哥总领事馆教育组在美国的工作范围。

② 2006～2010 年，UW（Madison）一至四年级中文课学生总数分别为 306 人、369 人、416 人、337 人和 361 人。目前中文本科专业（Chinese major）有学生 72 人。该数据由 EALL 教学秘书 Ms. Teresa Nealon 提供，在此谨致谢忱。

③ 据笔者在 UW 访问教学期间的考察，UW 中文国际交流项目种类丰富，交流形式多样，主要有 CIEE Beijing Intensive Language Program、CIEE Chinese Language and Culture Program、The Exchange Program at Tsing-hua University、The Summer Intensive Language Program in Tianjin、The Summer China History Program，以及在台湾大学、台湾师范大学、政治大学进行的 3 个交流项目。学生可以根据自己意愿，选择短、中、长三种不同时长的交流学习机会。

参考文献

［1］冯胜利.海外汉语教学与研究的新课题.云南师范大学学报（对外汉语教学与研究版），2008（1）.

［2］冯胜利.赵元任的教学原则与神经科学的最新发现.见：李坤珊主编.留学生在华汉语教育初探——汉语作为第二语言习得研究.北京：北京大学出版社，2008.

［3］盛炎.赵元任先生对汉语教学的贡献.语言教学与研究，1987（3）.

［4］赵新那，黄培云.赵元任年谱.北京：商务印书馆，2001.

［5］赵元任.语言问题.北京：商务印书馆，1980.

（作者简介：吴星云，南开大学汉语言文化学院副教授、硕士生导师，主要研究方向为对外汉语教学、汉语第二语言习得研究、中外文化交流。）

对外汉语语音教学的语音学
基础及教学策略

（美）李智强

提　要　本文以近年来汉语语音学和音系学理论的新发展为基础,提出语音教学要从普通话语音系统的层次性出发,针对不同层次的语音学特征选择适当的语音单元作为教学重点。在教学中,首先要明确不同阶段训练的侧重点:低年级侧重声调和声韵母;高年级侧重轻重音和韵律结构。其次要选择适当的语音单元作为训练的基础:声韵母选择音节作为训练的基础;声调选择双音节词作为训练的基础;轻重音以及韵律结构选择韵律短语或句子作为训练的基础。最后在语音训练过程中要坚持发音与功能意义相结合、听辨与发音训练相结合、集中训练与分散巩固相结合等一系列教学策略。

关键词　语音学　语音教学　教学策略

一、引言

语音教学是对外汉语教学的第一个重要阶段,对外国学生,尤其是成年外国学生来说,也是一个比较艰难的阶段。这种学习上的困难主要是由汉语的声调、一些比较特殊的语音成分和音变现象造成的。语音教学阶段的重要性在于:学好汉语普通话的发音不但可以提高学生在语言交际中的可听懂度,还有助于提高他们的学习兴趣,为他们进入更高阶段的学习奠定基础。因此,帮助外国学生掌握正确的发音,尽量减少在学习过程中出现"洋腔洋调",就成为对外汉语语音教学的核心问题。

目前语音教学基本以汉语拼音为工具,对普通话语音系统的介绍主要依据以音位概念为基础的传统语音学,其主要问题是没有对语音单元在实际语流中的变化给予足够的重视。汉语拼音虽然给语音教学乃至整个汉语教学带来很多便利,但它对语音习得的负面影响也是不容忽视的,在这点上,我同意王志洁(2010)一文中对汉语拼音的看法。

近年来汉语语音学和音系学理论研究取得了非常显著的进展,加深了我们对汉语音理的认识,其中的一些新观念完全可以在语音教学中得到运用。本文以这些理论发展为基础,提出语音教学要从普通话语音系统的层次性出发,针对不同层次的语音学特征选择适当的语音单元作为教学重点。在教学中,首先要分清楚不同阶段训练的侧重点:低年级侧重声调和声韵母;高年级侧重轻重音和韵律结构。其次要选择适当的语音单元作为训练的基础:声韵母选择音节作为训练的基础;声调选择双音节词作为训练的基础;轻重音以及韵律结构选择韵律短语或句子作为训练的基础。最后在语音训练过程中要坚持发音与功能意义相结合、听辨与发音训练相结合、集中训练与分散巩固相结合等一系列教学策略。

二、汉语拼音的局限性

汉语课本中对普通话语音系统的介绍主要是依据以音位为单位的结构主义分类描写。这种分析方法关注的是语音系统中的对立关系,比如普通话里"排"/pʰai/和"白"/pai/的声母构成一个对立关系,前者是送气清塞音,后者是不送气清塞音。汉语拼音本身就是音位分析的产物,上面的对立关系在汉语拼音系统中表述为 p 和 b。对语音教学而言,由于这种分析方法局限于单音节,因此对连续语流中的音变现象缺乏足够的解释力,同时也缺乏足够的对发音细节的描写。汉语拼音所记录的语音跟实际的发音并不完全吻合,外国学生如果按照汉语拼音来发音,只能是"望音生音",听起来的感觉就是"洋腔洋调"。关于这一点,详见王志洁(2010)的讨论。

三、普通话语音系统的层次性

普通话的语音系统从大的方面来说分为音段和超音段两个层面,音段层面包括声母和韵母系统;超音段层面包括声调、语调、轻重音和韵律结构等。不同层面的语音单元在发音方式和声学表现方面具有不同的语音学特征,因此在语音教学中要针对不同的层次,选择适合普通话音理的语音单元作为教学重点。

从音段层面来说,从音节入手,按照声母—韵母的分类体系介绍普通话语音是较为合理的办法,这主要是因为汉语具有"一音节一字"的鲜明特点,音节结构的系统性很强。我们对什么是音节有着非常明晰的语感,因为一个音节即代表一个汉字。元音—辅音的分析方法虽然比较适合以英语为代表的西方语言,但它却无法体现普通话的语音格局。因此音段层面的核心就是普通话的音节结构。

传统的语音学理论认为,普通话的音节结构分为声母和韵母两部分,韵母又进一步分为韵头、韵腹和韵尾(林焘、王理嘉,1992),如图 1 所示。韵头的归属问题在语言学界存在不同的看法(Duanmu,2007;王志洁,1999),这不是本文的重点,所以为方便起见,我们采用传统的划分方法。从音节的角度考察普通话的语音系统,声母、韵母各自的分类,以及声韵母的搭配关系都能看得十分清楚。例如,根据韵头的不同可以把韵母分为四类,即传统音韵学中的开、齐、合、撮"四呼"。在韵尾位置上,鼻音韵尾只能是 -n 和 -ng,元音韵尾只能是 -i 和 -u(汉语拼音记作 -o)。

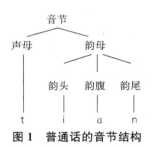

图1 普通话的音节结构

超音段层面的语音单元包括声调、语调、轻重音和韵律结构等。它们的作用范围通常大于单个音节,而且跟音高和时长等声学特征有关。因此在语音教学中对这类语音单元的处理要不同于对音段层面的处理。

四、声母、韵母的语音学分析和教学策略

音段层面的声韵母教学要始终以音节为

基础,避免在单个声母或韵母上花费过多时间,而应把重点放在音节上,原因如下:

首先,普通话音段层面的音变现象基本上都发生在音节内部,如合口呼韵母(即韵头或韵腹为 u 的韵母)前的声母都要加上额外的圆唇动作,以"岁"为例,在 s 的声音发出来以前圆唇的动作就已经出现了,这跟英文"sway"的发音有明显的不同(Chao,1968)。这种现象在普通话中是成系统出现的,语言学界韵头归属问题的争论正是基于这种现象。跨越音节边界的音变,如类似于英文中的"an apple"要读作/æn'æpl/的这种现象,在普通话里基本没有,只有语气词"啊"是例外,如"天啊"一般读作"天哪"。在语音训练中,把音节作为一个整体处理,就可以把音节内部的音变包含在内。

其次,有些韵母必须跟声母一起出现,如zhi、chi、shi、ri、zi、ci、si,它们谁也离不开谁。

第三,音节是声调的载体,音节都有对应的有意义的汉字,在训练中要尽量使用有意义的汉字的读音,这样外国学生才能把声音和意义结合起来,语音练习不应该是机械地重复一些无意义的声音序列。

学生在音段层面出现的一些问题可以从音节的角度找到线索。一些比较特殊的声母,如卷舌音(zh、ch、sh、r),舌面音(j、q、x)和比较特殊的韵母如 ü、ue,是学生在学习普通话语音过程中常常感到吃力的。这些都是教学和练习中的重点、难点,要结合音节反复练习。上面提到的介音(即韵头)对声母发音动作的附加影响从音节的角度看就显得很自然。另外一个常见的外国学生的发音问题是韵尾的发音过于充分。普通话的两个元音韵尾,-i 和 -u(汉语拼音记作 -o),并不是音色饱满的元音,它们实际上代表的是位于韵腹的主要元音舌位向 -i 和 -u 两个方向的一定程度的移动,可以形象地比喻为"小尾巴"。

比较英文的"eye"和普通话"爱"的发音,二者的区别是十分明显的。鼻韵尾 -n 和 -ng,通常成为"半鼻音",因为口腔内没有形成完全的闭塞段,造成主要元音的鼻音化,在声学频谱图上元音和鼻音界限不明显(Wang,1993;Chen,2000;吴宗济、林茂灿,1989)。

在音节内,韵头和韵尾对处于韵腹的元音的发音有明显的影响,尤其是当主要元音是低元音/a/的时候。经常有学生在听写汉语拼音的时候,把 tian 写成 tien,这反映了学生实际听到的声音。如果学生照着汉语拼音 tian 不折不扣地来练习"天"的发音,那就会偏离实际的发音。普通话低元音/a/的实际发音在不同的语音环境下有不同的变体,跟韵尾的发音部位有一定的协同关系,区别在于舌位的前后位置不同:/a/在 -n 和 -i 韵尾前发音位置靠前,在 -ng 和 -u 韵尾前发音位置靠后。语言学家从各种角度对这种现象有过很多讨论(如:Cheng,1973;Duanmu,2007)。这种音变是因语言而异的,英语就没有这种现象,只要比较一下普通话的"帮"bang 和英语"Big Bang"中"Bang"的发音就可以发现后者的/a/舌位明显靠前。它的作用仅限于普通话的音节内部,不能跨越音节边界,比如"大脑"da nao,/a/的实际发音部位较靠近声腔中部,没有出现舌位前移。在语音训练中,要强调从整个音节出发,在音节的选择上尽量包含重要的音变现象,如我们上面讨论的介音对声母的影响,韵尾的弱化和低元音随韵尾的协同变化。

声韵母的练习要以音节为基础,结合有意义的汉字,并在教学和练习中突出重点、难点。除了上述的音变现象外,需要着重训练的地方还包括一些特殊的声韵母,如"女"、"日"、"学",以及鼻韵母的儿化后的发音,如"盘"pan+r,"瓶"ping+r,前者的发音要去掉鼻韵尾,元音不带鼻音化特点,而后者的发音虽也要去掉鼻韵尾,但元音带鼻音化特点。这些现象全部发生在音节内部,因此抓住音节是声韵母训练的关键。

五、声调的语音学分析和教学策略

外国学生常常觉得汉语声调难学,四个声调每个都可以说得很好,可是一到句子里就全乱了,所以说"洋腔洋调"跟声调的关系最大。语音教学中声调可以说是最重要的,如果学生的声调练好了,说中文的时候可以"一俊遮百丑"。其实相对于某些较为特殊的声韵母来说,声调是比较容易学的,即使是到了句子层面也是如此。关键是要了解声调的本质是什么,它跟语调的关系,然后才能在教学中有针对性地采用合乎音理的教学策略和训练方法。

声调和语调都跟音高有关,从生理和声学上讲,它们反映的都是声带振动的频率变化(又称基频)。汉语是有声调的语言,每个音节都有一个声调,轻声音节除外。语速较慢时一个音节的时长大约有 200~250 毫秒,声调就是在这么短的时间段内发生的基频变化。英语是没有声调的语言,但是英语的词重音是跟音高有关的,所以英语是一种音高重音语言。英语的语调变化是在较大的韵律单元范围内的基频变化。从语音本质上来说,声调和语调是同属性的。如果把英语的一般疑问句升调用在一个单音节词上,如"Anne?",听起来还是有点像普通话的二声的。所以说,外国学生是完全有条件学好汉语声调的。

声调教学一直沿用赵元任先生的五度值描写,在训练中强调单字调。四个单字调的调值分别是:

阴平,55;阳平,35;去声,51 或 53;

上声,214(句末),21(句中),35(上声后)。

从教学的角度看,五度值描写有两个主要问题:一是对语音细节的描写过粗,没有反映出不同声调在音高方面的细节差异,如去声的起点和阴平都是 5 度,但实际上前者的音高远远高于后者,这点从图 2 所示的四声平均基频曲线可以看得很清楚,而去声的起点不够高是外国学生的通病;二是对调类的描写又过细,阳平(35)的起点是 2 还是 3 对声调的区别性没有任何影响。赵先生的五度值在语言学界影响极大,几乎所有汉语方言和中国少数民族语言的声调系统的描写都采用五度值。但是用在声调教学上,反而不如"高低升降"这种描述性的语言有效。

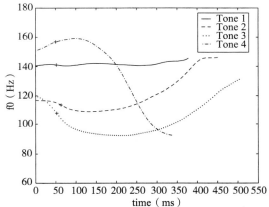

图 2 普通话单字四声平均基频曲线(男性发音人)

我认为,声调教学要以单字调为基础,以两字调为重点,听辨跟发音训练相结合。单字调教学的目标是区分调类,建立声调系统,因此在教学中可以采用声调目标值(tone target)的概念,即阴平为高调,阳平为升调,上声为低调,去声为降调。单字调的训练从阴平入手,这是一个高平调,在普通话的声调系统里,它的调值既不是最高的,也不是最低的,但是它给学生提供了一个声调的基准值。

语音学研究表明,单字声调在语句中的表现形式往往受到相邻声调的影响,从而偏离单字调形(吴宗济,1982),而两字组的声调调形相对比较稳定,这和现代汉语双音词占大多数有关,也跟汉语的基本韵律结构有关。普通话两字调包括四声＋四声的 15 对组合

（除掉上声＋上声的组合）以及四声＋轻声的4对组合。就音高本身而言，在两字组中阴平的训练要强调高和平，阳平要强调音高的快速上升，上声要强调低，去声要强调高起，高起后基频自然下降，所以去声的关键是高起，高起是"本"，下降是"末"。轻声要强调顺势而降，这跟去声的下降有本质区别，让学生听辨比较"第四"和"意思"的第二个音节，"四"是四声，读高降调，"思"读轻声，二者的区别非常明显。上声后的轻声则要调整为高调，如"奶奶"。

下面图3给出的例句是一位男性发音人以正常语速读出的"召开这样的国际研讨会是十分有益的"。语图的上半部是波形，下半部是对应的音高基频曲线。从中可以看到单字调的调形在句中都发生了一定程度的变化，句首的"召开"去声起点远远高于阴平，随后的"这"去声的起点同样很高。

把两字调作为声调教学的重点符合声调的音理。声调在听觉上表现为相对的音高，在一定调域范围内，音高感觉上的高和低都是相对的。外国学生需要找到一个参照点，通过相邻音高的对比，逐步掌握四个声调的调高位置关系。这种系统性的关系一旦确定

下来，学生在句子中运用声调的能力会有很大提高。即使出现个别声调错误，他们也能马上自我调整。两字组合为这种训练提供了最佳的语音条件。例如，通过比较"参观"（1—1，阴平—阴平）、"京剧"（1—4，阴平—去声）、"学校"（2—4，阳平—去声），学生可以对阴平、阳平和去声高点的相对位置有清楚的认识，反复操练这样的组合有助于建立准确的声调系统。同时，这些词都是有意义的常用词，学生练习后可以马上用到会话中。

这种练习方法可以很自然地应用到句子层面。以"他们现在去学校"为例：

例1　他们　现在　去　学校。
　　　1—0　4—4　4　2—4

可以把句子尽量切分成两字组合，这样就能把两字组的声调与训练结合起来了。声调训练的目的是帮助建立声调的音高系统，而不是满足于某个生词或句子的发音。掌握了"参观"的声调组合，"餐厅"、"咖啡"等组合也就不是问题了。通过这种训练，学生可以准确地把握两字组的基本调形，提高在语句中运用声调的能力。

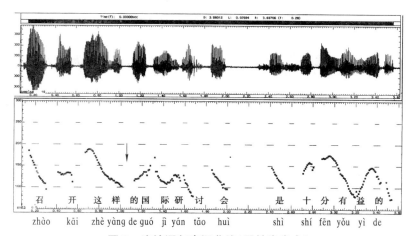

图3　连续语句声调曲线（男性发音人）

三字和四字组合可视为两字组的扩展。如果涉及上声＋上声的连上变调，最终的结果常受结构组合关系的影响，常有一种以上的读法。如"我｜很想去中国旅行"中的"我很想"常读作3—2—3，而"这次他比我｜考得好"中的"比我考"常读作2—2—3。还有一些特殊的三字变调受语速的影响较大，不属于低年级声调教学的内容。

有研究显示，在外语学习中音段层面和超音段层面（声调、语调、重音等）的听辨训练对提高发音的准确性有很大作用。Wang（1999、2003）发现参加汉语声调听辨训练的外国学生，发音准确性提高了21%。因此，在声调教学中要把听辨跟发音训练相结合。同时，对大多数学生来说，掌握声调不是一朝一夕就能完成的，我们在教学中要力争做到集中与分散相结合，既有集中操练的阶段，在平时的教学中也可以有重点地安排少量的巩固性声调训练。

声调教学要以单字调为基础，以两字调为重点，遵循听辨与发音训练相结合和集中训练与分散巩固相结合的原则，从而提高学生在句子中运用声调的能力。

六、韵律结构和轻重音

语音教学的高级阶段应把轻重音和韵律结构纳入语音训练的重点，由于它们都属于语句层面的语音范畴，所以应以句子为练习的基本单元。语言学家发现，人们说话时的抑扬顿挫往往跟句子的句法结构并不完全对应。请看例2：

例2　句法结构：我｜是｜美国人
　　　　　　　　他｜坐｜在｜椅子上
　　　韵律结构：我是｜美国人
　　　　　　　　他｜坐在｜椅子上

"他坐在椅子上"这句话在句法上是"动词＋介宾短语"的结构，而在韵律结构上要把动词和介词组合在一起，同时介词要轻读。从例2中的两个句子可以看出，韵律结构比较偏爱双音节的结构，相邻的单音节常常被合并成双音节，有时候不惜跨越句法成分的界限，如"我｜是"、"坐｜在"，它们在句法上本来是分开的。双音节是汉语的最基本的标准音步（冯胜利，1997），三个音节的"超音步"和单音节的"蜕化音步"都要给双音节音步让路。我们说话时遵循的是韵律结构，它随语速而变化。

轻重音的分布跟韵律结构密切相关。汉语的词重音和句子重音问题一直是语言学家讨论的热点问题，争论的焦点集中在重音位置的确定。汉语的重音问题涉及的问题比较多，包括词法、句法、语义焦点、语调等方面，在此我们不作讨论，但是从语音教学的角度看，我们应该更多地关注轻声和轻读词汇在语句中的分布。理由如下：汉语是有声调的语言，带调音节都有明确的主动音高变化，这种音高变化一般都会带来重读的感知效果。上面提到英语属于音高重音语言，英语的重读音节都带有明确的音高方面的特征（Beckman，1986），语言学家对英语词重音和句重音位置的语感一般来说比较明确。以汉语为母语的人对词重音的语感比以英语为母语的人弱得多，这是因为每个带调音节都会造成"重"的感知效果，而我们对于轻声和轻读音节的语感则要强得多。一些中文讲得非常棒的外国人，他们每个字都念得字正腔圆，可是忽视了"该轻的地方要轻"。因此，在高级阶段的训练中，我们不必过分强调重音，因为老师自己可能也说不清楚（因为我们的语感不明确），而要强调该轻读的地方一定要轻读。我们说英文，该重的地方要重；中文正相反，"该轻的地方要轻"更重要。

当然，带焦点重音的句子要突出重读部

分,如例3中的句子:

例3　甲:今天谁来作报告?

　　　乙:今天刘老师来作报告。

一个句子的轻重音分布是非常复杂的,跟语义和语用都有关系,但是轻声和轻读应该得到足够的重视。

七、总结

本文并不是专门讨论普通话的某个音应该如何教,而是从语音学和音系学理论的角度提出一个语音教学的框架和一些相应的教学策略,本文对汉语语音教学的主要看法概括如下:

(1)从语音系统的层次性出发,明确不同阶段的训练重点:低年级侧重声调和声韵母;高年级侧重轻重音和韵律结构。

(2)选择适当的语音单元作为训练的基础:声韵母训练要选择音节作为训练的基础;声调训练要选择双音节词作为训练的基础;轻重音以及韵律结构要选择韵律短语或句子作为训练的基础。

(3)在语音训练过程中要结合词语的意义,同时要将听辨与发音训练相结合、集中训练与分散巩固相结合。

参考文献

[1] 冯胜利.汉语的韵律、词法与句法.北京:北京大学出版社,1997.

[2] 林焘,王理嘉.语音学教程.北京:北京大学出版社,1992.

[3] 王志洁.北京话的音节与音系.见徐烈炯主编.共性与个性——汉语语言学中的争议.北京:北京语言文化大学出版社,1999.

[4] 王志洁.语音教学的难点和汉语拼音.美国中文教学与研究,2010.

[5] 吴宗济.普通话语句中的声调变化.中国语文,1982(6).

[6] 吴宗济,林茂灿主编.实验语音学概要.北京:高等教育出版社,1989.

[7] Beckman, Mary E. *Stress and Non-Stress Accent*. Dordrecht: Foris Publications, 1986.

[8] Chao, Yuen Ren. *A Grammar of Spoken Chinese*. Berkeley: University of California Press, 1968.

[9] Chen, Marilyn Yunfei. Acoustic Analysis of Simple Vowels Preceding a Nasal in Standard Chinese. *Journal of Phonetics*, 2000.

[10] Cheng, C. C. *A Synchronic Phonology of Mandarin Chinese*. The Hague, 1973.

[11] Duanmu, San. *The Phonology of Standard Chinese*, 2nd ed. Oxford: Oxford University Press, 2007.

[12] Wang, Jenny Zhijie. *The Geometry of Segmental Features in Beijing Mandarin*. Doctoral dissertation, Newark: University of Delaware, 1993.

[13] Wang, Yue & Spence, Michelle & Jongman, Allard & Sereno, Joan. Training American Listeners to Perceive Mandarin Tones. *The Journal of Acoustical Society of America*, 1999(106).

[14] Wang, Yue & Jongman, Allard & Sereno, Joan. Acoustic and Perceptual Evaluation of Mandarin Tone Productions before and after Perceptual Training. *The Journal of Acoustical Society of America*, 2003(113).

(作者简介:李智强,语言学博士,曾任教于美国波士顿学院和塔夫茨大学,现任美国旧金山大学现代与古典语言系中文部主任、加州中文教师协会副会长,主要研究领域包括语音学和音系学。)

对外汉语教学之汉字的纠错
问题及纠错方法举隅

汤亚平

提　要　语言学习是不断出现错误、纠正错误的反复循环过程,因此纠错应该纳入到教学的各个阶段中。学生出现语言习得的错误是教师在课堂教学中经常会遇到的问题,处理错误的方法就成为对外汉语教师课堂教学的基本技能之一。只有根据不同教学情况有区别地处理错误,才能获得良好的教学效果。为了使学习者最大程度地受益,如何纠错就成了一个值得研究的课题。本文主要针对汉字教学中的纠错问题,提出几种在不同阶段的应对方法,以提高汉字教学实效,因为我们深知,纠正一个错误就能纠正一个类型的错误。

关键词　纠错　汉字教学　策略　方法　举隅

一、引言

对外汉语教学的终极目标,是培养学习者具有在现实生活中自由运用汉语进行交际的能力,而且要在最短的时间内使学习者取得最佳的学习效果,因此关注与培养综合语言运用能力相关的各种因素不仅是十分必要的,而且应该引起高度的重视。汉字教学是汉语作为第二语言教学与其他第二语言教学的最大区别之一。"汉字与汉语的关系与西方语言和文字的关系截然不同。熟悉这种研究对象,深刻地了解和理解这种研究对象,是产生有效方法和优秀成果的前提。"(王宁,2006)。在对外汉语教学中,我们面临的最大问题是汉字教学。汉语作为有声语言学起来不算太难,而作为有声语言汉语书写符号的汉字,学起来就不容易了。所以,对外汉语教学的至关重要的问题是汉字的教学问题。

二、汉字教学中的纠错问题

汉字教学的研究,起步很晚,从 20 世纪 70 年代才开始,整个 70 年代只有 2 篇研究文章。80 年代有 19 篇,90 年代猛增到 135 篇,2000 年以来则有近 200 篇,不仅研究成果的数量大幅度增加,研究的角度也变得多样化。"但汉字教学的效果似乎并没有显著的改善,这样说的根据是目前我们基本没有见到有足够说服力的教学实验报告,是研究成果的运用不够还是另有其他的原因?"(孙德金,2009)确实,汉字的教学及研究都不够深入,关注汉字教学中的纠错问题的研究更是少之又少。关于汉语教学的纠错方法目前存在的不足,田艳(2010)归纳出以下五个方面:

"(1)课堂上教师纠错时有时不区分错误类型,因而导致纠错缺乏层次性和目的性;(2)一些教师没有很好地把握特定的教学法区分纠错方式,以至于过于机械地按照该教学法的原则纠错,反而走向另一个极端;(3)教师仍是课堂上的绝对的纠错主体,这在一定程度上抑制了学生的学习自主性;(4)纠错主要以初级阶段为主,到了中高级,对于纠错的重视程度明显降低,即使在初级阶段,纠错手段和时机也存在不足;(5)纠错研究多针对口语表达能力,对于书面语表达能力、汉字书写能力的课堂纠错则较少涉及。"田艳(2010)还将学习者习得汉语过程中的错误划分为三类:(1)系统前错误,主要是由于学习者未掌握目的语相应的规律和形式,而不得不运用以前的语言知识来进行交际时出现的错误;(2)系统中错误,由目的语内部干扰所致,学习者在内化目的语规则和运用规则时,按自己的方式作了错误的归纳或假设而造成的,是语言发展中的错误;(3)系统后错误,是学习者已经掌握了完整、系统的目的语规则,但由于尚未形成习惯而在使用中出现的错误。

汉字教学中存在的最大问题就是汉字的纠错问题。汉字是汉语特有的文字表达符号,正确书写和使用汉字是掌握书面语能力的重要方面,因此汉字纠错是非常重要的内容。汉字的错误主要围绕着"音"、"形"、"义"三个要素。在这三个要素中,难点主要体现在"形"这个要素上。而学习者在"形"上犯的错误主要集中在形近字混淆与同音字错误替代两个方面。因此,汉字的课堂纠错应注重对比分析和汉字本源分析。具体而言,对比分析法就是纠错时将几个轮廓相似的字同时展示出来,让学习者自己从中看出细微的差异,如"己"、"已"、"巳"的区别,"戊、戍、戌、成、戎、戒"的区别,"栽、载、裁"的区别,等等。同时还应该利用字理,分析字源。表面上看,"栽"、"或"、"成"、"戏"等以"戈"为部首的字极为相像,也难以区分,但是如果将字源纳入

到汉字纠错中,学习者就很容易记住正确的汉字。在纠正音近(音同)字时,还应从意义上入手。比如,学习者将"不计其数"写成"不记其数","莫名其妙"写成"莫明奇妙"、"莫明其妙",这是因为没有理解这些词语的意义。因此,汉字课堂教学的纠错要避免就错纠错,应解释错误的原因,并与学习者的记忆规律结合起来(田艳,2010)。但是也会存在一个矛盾,就是教师过多地纠错会使学习者失去大胆尝试使用语言的机会,会导致学习者倾向于把注意力集中在避免犯错上。所以教学中如何处理纠错问题就是一门艺术了。从时间的角度来区分纠错,一般有两类:及时纠错和延时纠错。及时纠错的不足在于,在语言认知的早期阶段,学习者对于学习汉语的信心尚未完全建立起来,过多的及时纠错在某种程度上会打击学习者的自信心。延时纠错的不足在于,学习者的错误会随着时间的延长而被淡忘。所以,及时纠错和延时纠错应合理交叉运用。由此,课堂纠错宜采取灵活多样又符合课程特色的课堂纠错方式。

目前,汉语教学中较为可行的纠错方法有以下几种。(1)强调法:教师重复学习者的话,重音落在错误上,引起学习者对错误的重视。(2)提示法:教师适时地提供几个选项以供学习者作出正确的选择。(3)重复提问法:当学习者没能准确回答问题时,教师鼓励学习者,直到其作出正确回答。(4)等待法:给学习者足够的思考时间,让他们自我纠正。(5)适当利用身体语言,示意错误所在,让学习者自己明白错误,并及时改正。

为了有效纠错,为了减轻学习者对书写汉字的恐惧感,有必要采取一定的汉字纠错策略及有效的汉字纠错方法。

三、汉字纠错方法及建议

1. 纠错策略

传统上把处理语言错误的环节称为纠错,有的学者称之为"更正性反馈"并提出六

种纠错策略：

（1）明确更正：直接指出错误并告诉学生正确的形式。

（2）元语言线索：提供元语言的知识，让学生意识到自己的错误。

（3）重述：把学生的偏离句用正确的方式重新述说一遍。

（4）要求澄清：当出现偏离句的时候，要求学生重新表达。

（5）重复：用升调重复学生的偏离句，以引起学生的注意。

（6）诱导：通过提问诱导学生说出正确的句子。

此纠错策略也适用于汉字教学。

2. 不同的教学阶段采取不同的纠错方法，不同的阶段有不同的纠错重心

2.1 初级阶段

初级阶段的学习者所接触到的词语通常是在"物质文化"这一层面的，而不同的词语之间的语义指向在"物质文化"这一层面，又多存在简单的对应关系。因此，对于初级阶段的学习者，教学策略应该是重点讲清字词的本义。教学的目的在于使学习者养成良好的语言习惯，所以纠错重心应适当强调语言的准确性。初级阶段学习者母语的干扰痕迹很大，大量的错误来自语际间的错误，因此可以适当运用语言对比的方式纠错。

（1）采用目的语与母语的比较

猪 pig	公猪 boar	母猪 sow
小猪 piglet	猪肉 pork	
马 horse	公马 stallion	母马 mare
小马 colt	马肉 horse meat	
牛 ox	公牛 bull	母牛 cow
小牛 calf	牛肉 beef	
羊 sheep	公羊 ram	母羊 ewe
小羊 lamb	羊肉 mutton	
鹿 deer	公鹿 stag	母鹿 doe
小鹿 fawn	鹿肉 venison	

鸡 chickens	公鸡 cock	母鸡 hen
小鸡 chicken	鸡肉 chicken	

（上述词语部分引自徐通锵，2005：127）

（2）分析错别字的成因

错别字的成因主要有：同音误用、形近误用、偏旁误用、笔画误写。

留学生产生的书写错误主要出现在学习汉语的初级阶段，在书写汉字时出现的错误大致有两种类型：1、汉字笔画的增加与减少。出现频率高的字有：者、旨、着、真、直、息、其、具、臭、身、非、耳、某、住、佳；以及这些字孳乳产生的一系列的字。还有，"压、国"，经常会少写了一点。2、汉字偏旁部首用错：比较常见的有："衤"和"礻"，"贝"与"见"。如："衫、被、裸、初、袖、补、袍、裙、褂"与"神、祝、社、福、祸、祈、祥"；"宽、觉、觅"与"贤、质、货、员、贞、责"经常写错偏旁。由此，纠错时要对偏旁作一些解释，并且再归纳一下，例如："衫、被、裸、初、袖、补、袍、裙、褂"等字，都与衣服有关，所以都从"衤"旁，而"神、祝、社、福、祸、祈、祥"等字都与神事有关，所以都从"礻"旁，"礻"就是"示"，展示的意思，与"衣"的意思无关。这样从文字学的角度去作些浅显的解释，效果不错。

（3）加强形近字的辨别

例：刀—刁   天—夭   未—末   冷—泠
今—令   同—回   目—日   夫—天   失—矢
上—土—士   甲—由—申—电   古—占
左—右—石   可—司   庄—压   余—佘
城—域   席—度

可以采用以汉语拼音标注字词，再由字词扩展成词组的学习方法。

（4）比较汉字形体的异同

汉语的特点之一是口语中存在大量同音不同形的同音语素，而书面语中则存在大量相同正字法结构承担不同意义的同形语素。这就给学习者造成了很大的学习困难。

汉字中有许多形近字，对于学习者来讲，区分形近的汉字难度较大，经常会出现错别

字。教学中必须通过练习强化记忆,形成正确的用字习惯。如:"燥、躁"两字,极易混淆。教学中可这样设计:先随图出示"燥"字,让学习者明白"有了火就会没有水,才会干燥",闪动偏旁"火",加深刺激,再让学习者组词;接着随图出示"躁"字,让学习者明白"人如果着急才会顿足",闪动"足",让学习者组词。同时,课堂上还可进行完形填空和修改错别字的训练,让学习者结合语言环境,选择词语。这种由图到字,再由字到词语的应用的学习过程,符合汉字的认识规律,也能使学习者养成正确的汉字学习习惯。此外,教学中还可运用课件,利用汉字偏旁类推法帮助解决错别字的问题。因为现行汉字中90%都是形声字,声旁是表音的,所以,可以利用声旁的提示读音的作用辨析形近字。比如:"仓"、"仑"这两个字很容易混淆,分别读"cāng"、"lún",以它们作为声旁的形声字的韵母基本上也分别读"ang"、"un"。所以,对"抢、枪、炝、戗"、"论、轮、伦、纶、沦、囵"的写法,如果已知汉字的发音的话,就可知道其声旁了。有学者认为影响汉字教学效率的因素有三:一是忽视汉字笔画的教学;二是"以词为本",忽视汉字特点;三是忽视多媒体技术在汉字教学中的积极作用。因此在初级阶段应多采用多媒体教学形式。另外再列举部分根词字及形声字,加强训练,加深记忆。

列举根词字:生产、生成、生日、生存、生死、生根、生怕、生气、生辰、生活、生意、生育、生涯、生性、生菜、生前、生机、生计、生理、生态、生人、生物、生发、生化、生字、生长、生子、生病、生命、生动;安生、陌生、产生、超生、偷生、投生、头生、出生、相生、先生、丛生、诞生、花生、后生、放生、轻生、派生、学生、书生,等等。

列举形声字:支、枝、肢、吱,只、职、织、帜、枳,宗、综、棕、踪、粽、神、申、审、伸、绅、婶、呻,宁、拧、柠、狞、咛、泞、龙、笼、拢、陇、聋、垄、珑、胧、垅、泷、咙、茏,等等。

(5)通过汉字知识理解字意

利用构词法扩大词汇量,如:打、扔、推、拉、抱,都是与手有关的动词。还可以利用语义场进行词汇教学。学习者掌握某些语义图式,产生语义记忆,就可以将图式的推理作用和语义记忆的推理作用相结合,去激活语义场图式,提高记忆效率。

2.2　中级阶段

在中级阶段,学习者对汉语的认识逐渐进入由表及里的阶段,这时汉字教学的主要任务是帮助学习者扩大词汇量,扩展词型的用法,同时帮助学习者进一步加深对母语和目的语之间差异的认识。汉字的纠错重心是汉字偏旁的音义问题,因为形声字的声旁不能区分声调的差异,且部分声旁又因语言的变异而丧失或减弱了表音功能,另外,汉字的一字多读的现象也较多。因此,汉字教学要做到循序渐进、兼收并蓄。

(1)同音组词——清晰、情绪、青铜、晴天、请教、蜻蜓

单向:西:西方、西风、西部、西边、西服

稀:稀少、稀释、稀世、稀薄、稀疏

惜:珍惜、可惜、怜惜、痛惜

式:样式、形式、仪式、新式

市:城市、都市、行市、开市

示:表示、明示、指示、暗示

双向:领导:领——领会、领航、领队、领唱、领略、领路

导——指导、教导、开导、推导、引导、误导

破裂:破——破坏、破败、破除、破产、破解、破旧

裂——爆裂、分裂、割裂、干裂、崩裂

偏见:偏——偏差、偏方、偏离、偏向、偏心、偏爱

见——看见、听见、主见、常见、成见、意见

（2）形声字的组词——相信、箱子、想念、湘江、车厢

（3）列出形声字，归纳声旁

例：支、枝、肢、吱，只、职、织、帜、枳，宗、综、棕、踪、粽，神、申、审、伸、绅、婶、呻，宁、拧、柠、狞、咛、泞，龙、笼、拢、陇、聋、垄、珑、胧、垅、泷、咙、茏。

（4）用顺口溜掌握形近字

例："用火烧，用水浇，东方日出是拂晓，左边绞丝弯弯绕，换上提手是阻挠，右边加羽尾巴翘，丰衣足食才富饶。""此木为柴，山山出。因火成烟，夕夕多"。"碧"字是"王先生白先生，坐在一块石头上"。

2.3 高级阶段

在高级阶段，学习者已掌握了汉语听、说、读、写的基本技能，他们的学习目的是要更为熟练地掌握汉语的用法，更为准确地理解中华文化，从而使学习"内在化"。中高级阶段的错误纠正应该注重培养学习者的自主性学习能力，并适当增强教与学之间的互动和调整，要在潜移默化中推动教学的进行。

（1）从诗句中分析汉字字义，由此掌握近义字词以及明确字词的词性

例：①僧敲月下门（敲——碰、打、撞、播、击。近义词。）

②举头望明月（望——看、视、观、瞅、瞧、瞥、睹、见。近义词。）

③白毛浮绿水（浮——漂、游、泡。近义词。）

④春风又绿江南岸（绿：形容词作动词，有"致使"意义，即使动用法。又如：红了樱桃，绿了芭蕉，都是形容词作动词用。）

⑤停车坐爱枫林晚（坐：动词作连词用，"因为"的意思。）

（2）改正用了别字的成语，掌握同音字

例：直接了当（截）、变本加利（厉）、原气大伤（元）、灰心伤气（丧）、人声顶沸（鼎）、口干舌躁（燥）、一望无银（垠）、拐弯摸角（抹）、

破斧沉舟（釜）、不径而走（胫）、默守成规（墨）、原形必露（毕）、穿流不息（川）。

（3）学习俗语，感受汉字的魅力

例：拆墙脚、碰钉子、敲边鼓、穿小鞋、泼冷水、吹牛皮、炒冷饭、敲竹杠、抱大腿、唱高调、和稀泥、半瓶醋、闭门羹、耳边风、吃不了兜着走、高不成低不就、敬酒不吃吃罚酒、前怕狼后怕虎、一块石头落地、比上不足比下有余。

（4）从修辞的角度理解汉字的生动性

例：破门而出、夺眶而出——生动形象的动词夸张运用。

（5）汉语中还有一类词，它们的使用频率虽然较高，但学习者对它们的理解很有限，这就是联绵词，如：荡漾、灿烂、荒唐、参差、惆怅、玲珑、拮据、囫囵、尴尬、窈窕、从容、翩跹、婆娑、朦胧、苗条、逍遥、徜徉。这类词不能从字理上分析，它们只有一个固定的意义，不是两个字义的相加，在语音上有一定的联系，即双声或叠韵的关系。这类词不多，很有限，学习者只能牢记。

做好汉字的教学及纠错，要从词性、组词、语法、修辞等角度充分认识汉字，这样汉字的学习效率才可以提高。要利用汉字见形知义的显著特点，使学习者知道汉字不仅仅是记录语言的符号，其本身就充满着丰富的文化内涵。感受汉字的过程，对学习者加深对中国文化的理解、培养对汉语的语感、养成良好的汉字书写习惯等都有较大帮助。

3. 关于纠错，提几点建议

（1）充分考虑学习者的情感因素，重视有意义的交际。减少明确的纠错，多采用不影响意义传达的间接反馈策略。

（2）只对普遍性的、顽固性的和影响意义传达的错误进行更正，不必有错必纠。

（3）对于不同类型的错误采取不同的更正策略。兼用书面反馈和口头反馈形式。

（4）提倡、鼓励学习者形成自我发现、自我更正错误的意识。

（5）尽量使用自然真实的话语,使用正常的语速、词汇和语法。对于讲解或提问的语言形式不进行刻意简化,也不作繁琐的解释。

（6）减少机械的模仿和重复,增加以意义为中心的协商活动。

（7）避免错误固化,或者烙印化,在相应的时间段里有针对性地纠正,以期永久改正。

四、结语

鲁迅先生谈到汉字时说,汉字"意美以感心,一也;音美以感耳,二也;形美以感目,三也"。把汉字的工具性和文化积淀的人文性结合起来,把汉字取材的现实性和教学目标的前瞻性统一起来,利用汉字见形知义的显著特点,使学习者知道汉字不仅仅是记录语言的符号,其本身就充满着丰富的文化内涵。对于教与学的关系,我们要明白:在汉字中,"教"与"斆"(学)本来就是同源字,是同一事物紧密相关的两个方面。《说文》云:"教,上所施,下所效也。"可见,教是指教师与学生两方面的活动。由"教"又衍生出一个"斆"字,《说文》云:"斆,觉悟也,从教。"秦代以后,"斆"写做"学"。《说文》所说"觉悟"也就是"上所施,下所效"的意思,教与学是对立统一的辩证关系。因此,在教的同时,教师就应该顾及到学的方面,不能只顾自己讲课,而不管学生"觉悟"了没有,这一点经常是教学的盲区。为了使学生掌握基本的汉字识别技能、汉字学习策略和词汇识别方法,教师需明确汉字部首知识与汉字学习的关系、汉字识别与汉字书写的关系、掌握词语读音与识别词语意义的关系、汉字学习策略与汉字学习成效的关系、学习者的汉语水平背景与学习者获得汉字识别及书写能力的关系,从而使汉字的教学问题以及教学中的纠错问题能够迎刃而解。

赵金铭（2008）提出:"自上世纪80年代以后,对外汉语教学界业内大部分人都认识到,留学生千差万别,学习目的各不相同,不同的教学阶段有不同的教学任务,不同的教学任务又有不同的训练方法,而教师风格又因人而异,因此不可能有一种放之四海而皆准、万能的语言教学法。"更何况"人的大脑系统有横向变化和纵向变化。横向变化指不同学习者的大脑工作方式各不相同。纵向变化指大脑在不同年龄阶段的变化。正是由于这两种变化,第二语言教学不可能有最佳方法"。那么,以积极的心态,包容、理解的态度,使用综合的处理办法,是十分明智的,也是目前世界外语教学的明显特点和主要发展趋势。

参考文献

[1] 李枫.对外汉语教学文化因素处理的阶段性划分.语言教学与研究,2010(4).

[2] 孙德金.五十余年对外汉语教学研究纵览.语言教学与研究,2009(2).

[3] 田艳.关于对外汉语课堂纠错策略的层次性选择.语言教学与研究,2010(3).

[4] 王建勤.外国学生汉字构形意识发展的模拟研究.北京语言大学博士学位论文,2005.

[5] 王宁.古代语言学遗产的继承与语言学的自主创新.语言科学,2006(2).

[6] 徐通锵.汉语结构的基本原理:字本位和语言研究.青岛:中国海洋大学出版社,2005.

[7] 印京华.美国大学汉字初级阶段教学效率的问题与对策.云南师范大学学报(对外汉语教学与研究版),2003(1).

[8] 赵金铭.汉语作为第二语言教学:理念与模式.世界汉语教学,2008(1).

[9] 祖晓梅.汉语课堂的师生互动模式与第二语言习得.语言教学与研究,2009(1).

（作者简介:汤亚平,云南民族大学人文学院教授,主要从事古代汉语、汉语国际教育的教学及研究。）

商务汉语教材开发模式探索——PACE

史中琦

提　要　本文尝试提出一种可以指导专业汉语教材开发的新模式——PACE。该模式借鉴了商业领域产品开发的经典流程,并结合了通用汉语教材编写的成功经验,能够较好地解决当前商务汉语教材开发过程中遇到的瓶颈问题——编写者对商务领域的相关活动缺乏了解。文章以《卓越汉语·公司实战篇》为例,对该模式的操作应用进行了分析和介绍。

关键词　商务汉语　教材编写　PACE 模式

一、为何要探索商务汉语教材开发新模式

如果把 1982 年《外贸洽谈 500 句》的出版看作是商务汉语教材建设的发端,那么到今天商务汉语教材的开发已经走过了整整 30 年的历程。回顾这 30 年,在中国经济持续快速发展的大背景中,在众多从业教师和研究者的共同努力下,商务汉语教材建设也在不断发展,特别是 2000 年以后(见表 1)。

表 1　商务汉语教材的年代分布

年代	1982 年	1991 年	1992 年	1993 年	1994 年	1997 年	1998 年	1999 年	2000 年
数量(套)	1	1	1	3	1	3	1	2	2
年代	2001 年	2002 年	2003 年	2004 年	2005 年	2006 年	2007 年	2008 年	2009 年
数量(套)	2	4	3	5	7	3	9	4	4
总计(套)	56								

说明:教材按套计算,其中系列教材如果是在不同年代出版,以第一本出版的时间为准,再版教材不统计。
图片和数据来源:商务汉语研究所 http://www.blcu.edu.cn/hyxy/web/JMX/correlative - news. asp? id = 531

虽说商务汉语教材的发展已经初步解决了师生的"温饱问题",但是我们必须清楚地认识到:现有的商务汉语教材,不管是数量还是质量,都距离"小康"水平有不小的差距。甚至可以说,商务汉语教材的"编写和研究尚处于探索阶段"(路志英,2006),尚不能满足不同层次、不同背景的商务汉语学习者及教师的要求。该阶段的具体表现包括:编写者对商务汉语课及商务汉语教材的特点认识不足,教材编写的指导理念基本上都是脱胎于通用汉语教材的编写;片面追求教材适应面的广度,针对性不强,细化不够;种类单一,内容趋于同质化;相关论文局限于宏观的探讨,缺少探索性的研究和尝试。这也就不难理解为

什么时至今日仍有相当数量的学生、老师、教学项目在苦苦地寻找适合自己的商务汉语教材。

与通用类汉语教材的编写相比,商务汉语教材的开发之所以陷入窘境,其中一个非常现实且短时间内无法解决的问题就是教材编写者自身背景的局限性(张黎,2006;关道雄,2006;路志英,2006)。绝大多数商务汉语教材的编写者都是语言学或者教育学出身,对商务领域涉及的活动并不熟悉,也缺乏必要的经济学、管理学知识,这种知识结构和工作阅历上的欠缺势必导致他们在编写商务汉语教材时捉襟见肘,甚至不得不拍脑袋空想杜撰。而具备丰富的商务知识和经验的经贸专家们则因为不了解汉语教学理论和语言教材编写理论,也无法胜任这样的工作。

曾有人建议应该让商务汉语教材编写者进公司去体验生活,该建议的初衷是好的,但是这对于已有本职工作的教师而言,似乎并不现实。所以,非常有必要探索一种新的、适用于商务汉语或者医用汉语等面向专业用途的汉语教材开发模式,否则,上述问题再过若干年也未必会有改观。在下文中,我们结合

自身的编写经验,提出一种名为 PACE 的教材开发模式,希望可以为苦恼于缺乏专业知识和工作经验的教材编写者带来一些启发。需要说明的一点是,本文将要谈到的教材编写模式,主要涉及如何将想法和理念逐步落实为具体教材的过程,重在谈环节和步骤,至于内容的安排或者具体的语言点的设计等问题,将另文叙述。

二、什么是 PACE 模式

在对相关文献进行综述和研究的过程中,我们接触到了一个名为 PACE 的模式,在经过分析比较并付诸实践[①]以后,我们认为,这一模式实用有效,非常适合指导汉语教师编写专业类汉语教材。

什么是 PACE? 简单地说,PACE 是一个为产品开发而制作的流程参考模式[②],被誉为产品开发领域的管理"圣经"。经过多年的完善,包括 IBM、摩托罗拉、杜邦、华为等在内的许多公司已经把 PACE 的各种理念方法付诸实践。图 1 展示了 PACE 开发流程简图。

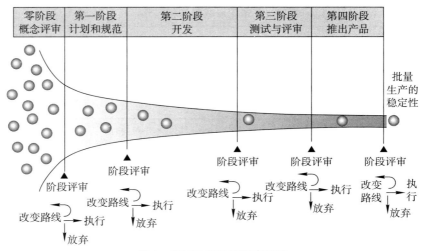

图 1　PACE 开发流程直观图

图片来源:http://wiki. mablib. com/wiki/% E4% BA% A7% E5% 93% 81% E5% 8F% 8A% E5%91%A8%E6%9C%9F%E4%BC%98%E5%8C%96%E6%B3%95

从图1中我们不难看出，PACE模式具备两大特点：一、流程分阶段，每个阶段都有具体的任务；二、在每个阶段以后设有phase review（复审）环节。这两大特点的直接效果就是让纷繁多样的初始理念逐渐细化、具体化，一步步推进最终形成可以投放市场的产品。对于企业而言，PACE的意义在于可以缩短产品投放市场的时间，减少开发浪费，增加新产品的收益。对于教材编写来说，PACE是否同样有意义呢？我们认为答案是肯定的。如今，对外汉语教学正在产业化，时代和市场的发展对教材编写者提出了更高的要求——编

出的教材必须能够满足市场的需求，否则，就会被市场淘汰。因此，我们的教材编写者必须提高"教材＝产品"的意识，只有把教材当成产品，心中时刻想着消费者（即学生）的需求，才有可能编出精品。

PACE原本是针对企业产品开发设计的（如图2所示），无法直接指导语言教材的开发。为此，我们结合已有的教材开发的指导原则和经验（刘珣，2000；吕必松，1996），提出了一个供教材开发使用的流程，共分为五个步骤（见图3）。下面，本文将逐一介绍这五个步骤。

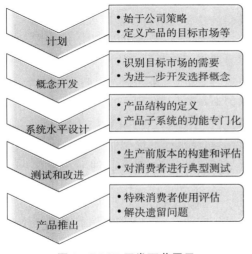

图2　PACE开发环节展示

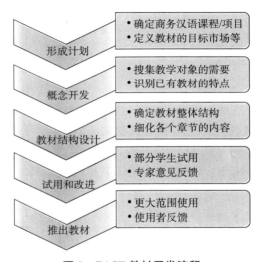

图3　PACE教材开发流程

三、如何将PACE应用于教材开发

1. 形成计划

不管是开发商务汉语还是开发其他专业用途的汉语教材，首先要做的就是对该领域未来的发展情况作出评估，从而确定教材开发的必要性和可行性；同时，还需要定义该教材的目标市场是哪些人群。在这个阶段，尚不涉及具体内容的设计和编写。

以拙作《卓越汉语·公司实战篇》（以下简称《实战篇》）为例。我们首先对当时汉语

教学发展的国际形势、商务汉语教学在美国的发展趋势等问题进行分析和预判，同时，对笔者所在的哥伦比亚大学（以下简称"哥大"）已有的商务汉语课程和商务汉语项目进行评估。通过分析和评估，形成了一份《关于开发商务汉语教材的可行性报告》。这份报告是我们决定编写商务汉语教材的重要依据。如果报告结果显示编写教材的时机还不成熟，那就应该暂缓，决不能人云亦云，盲目跟风。

这份报告还显示，哥大商务汉语课程和

项目所急需的且市面上缺乏的教材,是指导学生如何在中国的公司实习或者工作的商务汉语课本。这一结果也符合近几年美国商务汉语教学发展的总体趋势[③]。因此,我们把教材的使用对象定位为那些打算或者确定要到中国实习或者工作的美国高校学生(本书的书名最初定为《实习汉语》)。

前文介绍过,PACE 的一大特色就是每个环节都以 phase review(复审)结束。复审的作用在于对本阶段的工作进行评估和建议,只有复审通过了,才能继续到下一个环节。为此,我们特地邀请了汉语教学、商务汉语教学领域内的专家对我们的报告进行了评审。专家组对我们的报告进行了认真审核和反复探讨,最终一致表示我们的结论可以通过并付诸实施。

2. 概念开发

在解决了要不要编、给哪些学生编的问题以后,就可以进入概念开发的环节。该环节的工作有两项:(1)搜集并确认教材教学对象的真正需求;(2)对已出版的同类教材进行分析。

第一项工作也就是常说的学习者需求分析。专业用途语言教学的需求分析总体上可以分为两个方面:目标情景分析和学习需求分析(张黎,2006)。进行目标情景分析,就是要了解学习者需要使用汉语从事哪些工作,工作的具体内容是什么,什么样的知识和语言技能可以支持这些工作。学习需求分析是对学习者的背景、学习方式和目的等问题进行确认。这是一项至关重要的工作。毫不夸张地说,没有需求分析,所谓的教材编写极易变成老师们坐在办公室里拍脑袋。我们发现(不少学者也指出过),目前已出版的商务汉语教材中占很大比例的课本都存在一个通病——缺乏足够的需求分析,甚至有教材在前言中自称可以满足各类商务汉语学习者的需求。对于商务汉语这样一个学习者背景多样化、学习内容差异巨大的领域来说,怎么可能出

现一本"包治百病"的教材呢?(史中琦,2010)

为了真正了解目标群体的需要,必须在这个环节把功课做足。有三种方法可以采用。

(1) 调查学生

对学生的调查有两种常见的方法,一是通过调查问卷,二是通过个别访谈。

调查问卷的好处在于可以在较大的范围收集意见,通过对问卷结果的分析,可以形成直观的答案,看出特点和趋势。难点在于选取的调查对象必须具有针对性和代表性。我们的做法是直接选取教材面向的对象——参加过哥大商务汉语暑期实习项目的学生,请他们介绍自己曾经实习过的公司、描述日常工作的具体内容、列举最常遇到的工作场景、说明最需要的语言技能以及遇到过的最大挑战。学生的反馈,帮助我们从宏观上对一般实习期间所涉及的交际情景和语言需要有了全面的了解。《实战篇》中所设计的每一个情景都不是我们臆测的,全部来自对学生调查的分析和综合。像陪同上司会见客户、跟同事一起考察市场、参加部门会议、与同事或者客户交换礼物等,都是学生普遍反映实习时必不可少的内容。

个别访谈也是常见的数据搜集方法。其优势很明显,它可以使采访者更深入地了解受访者的情况,而且,采访者和受访者之间的互动可以带来很多超出问卷设计的附加信息。当然,这种做法较为耗时耗力,不太可能大范围采用。我们的做法是选择几位在中国和美国都有过实习经验的学生,对他们进行一对一的访谈,这种深入细致的交谈,帮助我们更加了解学生的需求以及两国公司做法上的差异。比如"产品展示"一章,就是在个别访谈中从学生那里获得的灵感。这一章主要帮助学生提高做报告(presentation)或者介绍产品的语言能力,不但如此,我们还在其后的文化部分介绍了中国人谦虚和含蓄的表达特点,从而让学生了解为什么他们的中国同事采用不同的推销方式。还有一位学生特别指

出应该设计一课谈如何跟上司吃饭,因为他曾经不止一次经历过该场景,而且还发现跟上司吃饭与跟同事、客户吃饭很不一样。这些素材都经过整理改编后进入了我们的教材。

（2）调查公司

学生的意见代表一个方面,如果想更加全面地搜集信息,必须设法获取公司的反馈意见,因为这些意见可以从另一个角度反映学生的需求。为此,我们对学生实习的公司进行了走访、采访和意见收集。需要说明的是,参加哥大项目的学生并不是都在同一家公司实习。通常情况是,每家公司我们会安排两位左右的学生。到今年为止,我们项目已经跟三十几家公司建立了实习关系。这些公司从性制上分,既有国企、民企,也有外企。从业务范围上分,涉及金融、投资、贸易、制造业、法律、医疗、餐饮、非政府组织（NGO）等方方面面。学生的上司、实习导师和同事,可以从不同角度帮助我们更好地了解学生在语言层面的不足和在人际交往中的欠缺。比如,公司的实习导师们反映实习生一般都能较好地处理跟同事的日常关系,但是在开会、报告等较为正式的场合,就感觉表达得很吃力,所以,我们特别在教材中加入"部门会议"和"汇报工作"等章节。再比如,我们在教材最后两个章节特别安排了跟汇率、股市相关的话题,也是因为这些领域涉及的词语是一般汉语教材不会涵盖,而实习生在工作中却又经常遇到的,所以,我们认为有必要将最重要的相关词汇和语言材料收进来。

（3）入职调查

"百闻不如一见",如果能够实地观察学生的实习工作,当然是再好不过了。我本人曾利用"职务之便"到学生实习的公司做"卧底",去观察学生实习的时候到底在做什么,看看他们究竟会遇到哪些情况。这也给我们编写教材提供了第一手的资料。比如,我们发现很多学生在实习时常常需要跟不同的对象握手,而美国学生所习惯的握手方式、握手顺序跟中国人的习惯并不完全一样,有时甚至会出现因为握手方式不当而很尴尬的场面,为此,我们安排了一篇介绍如何跟中国人握手的文化漫谈,学生反映非常好。还有递名片、递东西需要用双手等行为细节,都是我们在公司"卧底"时发现的。这些细节虽然细小,但是有时带来的影响却是不可忽视的。不亲身观察,有时很难发现这些细节,所以如果有机会到学生实习的环境中去体验,一定要好好利用。

以上三种方法各有长处,如果能综合使用,相信效果肯定最好。有了细致的调查,可以让编写者对教材使用者的需求有一个较为清楚和全面的认识。以我们的调查结果为例,我们发现,到中国实习的学生的需求是复合型的,他们既想学习如何在不同的场景下恰当地表达,又希望了解商务交往中隐含的文化因素,除此之外,与中国经济发展相关的重要问题,以及重要的专业领域词语的中文表述也是他们所急需的。而这些内容,也就成为我们的教材所需要涵盖的内容。

本阶段的第二项工作是仔细研究已经出版的同类教材,对其优缺点进行分析总结,吸取成功的经验,避免重复已经被证明不适当的做法。

在结束这两项工作以后,应该将教材需要涉及的话题、计划采用的教学方法等问题进行总结,并形成教材编写提纲。然后,提交给以往参加过实习项目的学生和领域内的专家以获得评价和建议。

3. 教材结构设计

编写提纲获得通过以后,教材编写者就可以进行第三步:设计教材的整体结构、章节顺序,并开始编写具体的课文。比如,整本书采用什么体例和结构,主课文是对话体还是段落体,编排的顺序是怎样的,分多少章节,等等。这些问题在编写者心中必须有明确的设计和安排。这一环节是集中体现编写者教学理念的最好时机。在这个环节,编写者应该从对象、内容、课程等方面出发,全面考虑,周密设计;同时,也应该敢于跳出传统的套路,大胆创新尝试。

在编写《实战篇》的时候,我们尝试并最终采用了跟以往教材不同的整体结构和内容设置(史中琦,2010)。简单地说,每一课都设置了三个部分(Conversation,Culture,Context),分别对应学生反映出来的三大需求。"语言表达 Conversation"帮助学生提高在特定情境中恰当表达的能力;"文化知识 Culture"介绍中国人言行方式背后的文化原因,如酒席文化、隐私观念、集体观念等;"经济背景 Context"则选取了学生需要了解的中国经济发展现状,如中国的企业类型、市场营销、品牌建设、企业管理,以及重要的行业内术语的中文表达。这种设计的好处是显而易见的:既能从不同角度全方位地涵盖学生的需求而不受统一体例的束缚,又可以让整本教材的语言多样化,丰富学生的语言输入。当然,这三个部分不能是孤立的,我们通过横、纵两条线索将整本教材的内容串联起来,使其成为一个有机的整体。这样三部分的设计其实还有一个好处:使用灵活。老师和学生在使用的时候可以根据自己的需求选取适合的部分。比如,如果学生的短期目标是提高口语能力,就可以只选取语言表达部分;如果学生的主要目标是提高阅读能力,那经济背景部分就可以成为主要的学习内容。

在细化各个章节内容的时候,必须做好的工作就是确定每一课要涵盖哪些功能项目、语言点和词汇。我们认为,参考已经成形且比较成熟的教学大纲,是非常必要的。比如,我们在编写的过程中就参考过《商务汉语词汇大纲》、《汉语水平词汇和汉字等级大纲》、《对外汉语教学中高级阶段功能大纲》、《对外汉语教学初级阶段教学大纲》等多项研究成果,这些大纲为我们选词、设置功能点和语言点都提供了很好的参考。以上的环节都

完成以后,就可以开始编写课文、制定词语表、设计语法点和练习了。针对目前很多商务汉语教材特点不明显、套路陈旧、练习死板、缺少实际意义和操作性的问题,我们也做了一些改进的尝试,由于篇幅限制,我们将另文专门讨论这个问题。④

在进行这个环节的复审时,同样需要倾听来自学生的反馈和专家的意见。我们的做法是,每完成一课的内容,便通过邮件的方式发送给以往参加过哥大项目和课程的部分学生,请他们提出意见,然后进行修改和调整。

4. 测试和改进

在初稿全部完成以后,不能急于出版,原因很简单:没有经过试用的教材,很难保证不出问题。就好比企业推出新产品的时候,一定要经过多次的、不同范围的试用,并根据使用者的意见作出调整,才能推向市场。否则,必定是败多胜少。教材的开发同样如此。所以,我们先在哥大商务汉语暑期项目进行小范围(先选取一个班)的试用,然后逐渐扩大试用的范围,每次试用后都要发放调查问卷,收集学生对课本的意见,并进行有针对性的修改。不但如此,试用的过程中我们也会发现新的增补点,比如教材最后一个单元——"求职提示",就是在试用的过程中根据学生的建议增加的,内容包括撰写中文简历、在面试中如何表现等内容,学生反映非常实用。

在经过几轮试用和修改以后,我们才把书稿寄给有商务汉语教学经验的专家、老师以及出版社,请他们提出他们各自的意见。试用和修改这个环节不可小视,只有在这一步把工作做细了,才能减少推向市场后出现的问题。

5. 推出教材

在经过数轮的试用、多次的修改,并听取专家和出版社的意见以后,就可以将教材推向市场,接受更多使用者的检验了。需要指

出的是,到了这一步,万里长征也才走完了一半。原因很简单,开发一本成功的、经得起检验的教材,必须经过大范围、长期的使用和修改,在此之前,都不能认为编写工作结束了。因此,我们非常注意跟踪使用者(包括老师和学生)的意见,经常与他们进行沟通,获得反馈信息,以此作为我们修改的依据。目前,这本书已经在美国的部分高校中使用(如哥大商学院、UCLA 孔子学院、阿肯色大学、威廉玛丽学院等),不少公司也把这本教材选为员工汉语培训的必备教材。他们提出的一些修改意见将在教材再版时予以体现。

四、总结

前文我们介绍了借用 PACE 模式开发专业汉语教材的流程和步骤。之所以采用这个模式,是因为它提供了一个切实可行的套路,既可以满足汉语教师编写面向专业领域的教材的需求,又可以保证教材的针对性、实用性达到一定的水准。除了上文介绍的流程模式以外,PACE 所倡导的一些理念,同样对于编写教材具有很大的参考价值,比如:

(1)开发过程的每个环节都需要加以定义和实施,以保证相关人员都能有共同的认识,知道如何协调和配合。

(2)流程中的每个阶段需按部就班,必须确定切实可行的时间表和顺序表。

(3)建立核心开发小组,进行公共决策。单凭一个人单打独斗难免力不从心,所以能够建立一个开发小组分工协作,效率会更高。

(4)需要强大的决策层予以支持和指导。

教材建设,作为国际汉语教学的支柱性课题之一,必须不断地对其进行探索,不断地创新。我们这次借鉴 PACE 模式并结合语言教学理念,提出了一个较为实用的、可指导专业汉语教材开发的流程,这是一个可以管理、可以改善的流程。当然,我们希望它可以经受住教学实践的检验。

附注

① 由笔者主编的《卓越汉语·公司实战篇》就是采用了 PACE 模式进行开发的。

② 关于 PACE 模式的内容,请参考 http://wiki.mbalib.com/wiki/%E4%BA%A7%E5%93%81%E5%8F%8A%E5%91%A8%E6%9C%9F%E4%BC%98%E5%8C%96%E6%B3%95。

③ 在近几年在北美举行的商务汉语研讨会上,不少与会者都谈到打算去中国工作、实习的学生人数呈现出急剧增长的趋势。

④ 我们在"2010 对外汉语教材编写与教学资源建设国际学术研讨会"(南京大学)上曾以《谈商务汉语教材练习设计》为题做过报告。

参考文献

[1] 关道雄.商务汉语教材的范围、内容和开放式架构设计.国际汉语教学动态与研究,2006(2).

[2] 姜国权.商务汉语教材的出版现状与对策.中国新闻出版报,2009(006).

[3] 李晓琪.系列商务汉语教材编写探索.对外汉语教学与研究,2009(1).

[4] 刘珣.对外汉语教育学引论.北京:北京语言文化大学出版社,2000.

[5] 刘织.商贸类汉语教材的简要分析.枣庄师范专科学校学报,2004.

[6] 路志英.商贸类汉语教材编写和研究的基本情况述评.云南师范大学学报,2006,4(5).

[7] 吕必松.对外汉语教学概论(内部资料).北京:国家教委对外汉语教师资格审查委员会办公室,1996.

[8] 史中琦.商务汉语教材开发过程及内容设计探索.对外汉语教学与研究,2010(1).

[9] 张黎.商务汉语教学需求分析.语言教学与研究,2006(3).

(作者简介:史中琦,美国哥伦比亚大学东亚语言文化系讲师,哥伦比亚大学商务汉语实习项目主管,哥伦比亚大学教育学院博士生,研究方向为教育技术与社会文化心理学。)

基于"泰国汉语教材语料库"的生词分析①

吴　峰

提　要　本文以 16 套在泰国使用的汉语教材中的生词为研究对象进行分析。本文首先按照《汉语国际教育用音节汉字词汇等级划分》为各套教材的生词定级,然后从生词的等级、频次和音节方面进行计量统计,研究发现这些汉语教材生词的特点是以双音节词为主,各等级生词的数量和频次逐级递减,普及化等级和中级生词是教材中生词最主要的组成部分,高级生词数量较少,但超等级词语数量较多。最后,我们从这些教材中提取出 145 个具有泰国本土特色的词语。希望本文能够为进一步提高泰国汉语教材编写中词汇选取和层级设置的科学性与针对性提供一些有益的参考。

关键词　泰国　汉语教材　生词　语料库

一、研究对象与方法

本研究以"泰国汉语教材语料库"为基础②,以目前在泰国使用比较广泛的 16 套汉语教材的生词为研究对象,用定量和定性研究相结合的方法,使用 Microsoft Access 程序对生词进行统计、对比和筛分。这 16 套在泰国使用的汉语教材分别是:《基础汉语》《汉语启蒙》《快乐学中文》《汉语应用》《儿童汉语》《初级汉语》《泰国人学汉语》《体验汉语》(高中篇、初中篇、小学篇)、《实用汉语教程》《创智汉语》《汉语短期教程》《中文》《汉语教程》和《汉语乐园》。各套教材基本情况如下③。

1. 泰国人自编的汉语教材

(1)《基础汉语》**ภาษาจีนพื้นฐาน**:徐文雅(Bunyanut Cheewakumjorn)专门为汉语初学者编写,得到泰国国家图书馆的支持,泰国 Srimuang 出版社,2004 年。

(2)《汉语启蒙》**ภาษาจีน**:Nipon Pis-sanukup Hinmanee 编写的泰国高中生汉语教材,涉及日常汉语和一些道德教育内容,泰国 MAC 出版社。

(3)《快乐学中文》**เรียนภาษาจีนให้สนุก**:郭少梅编著,是依据泰国教育部《外语教学大纲》规定、专为泰国小学生编写的一套中文教材,泰国南美书局,2009 年。

(4)《汉语应用》**ภาษาจีน**:Surachai Pat-tamapadungsak 编著,专为中专学生编写,其目的是使学生能使用汉语进行交际及工作,泰国 MAC 出版社,2009 年。

(5)《儿童汉语》**เด็กเด็กเรียนจีน**:卢慧雯、邓玉琼编著,立足于培养儿童对汉语的兴趣,寓教于乐,通过对听、说、读、写等方面的训练,逐步提高学生的汉语基本技能,泰国 OKLS 出版社,2003 年。

(6)《初级汉语》**ภาษาจีนระดับต้น**:任景文编著,泰国 HN. GROUP 公司出版发行。

2. 中泰合编汉语教材

(1)《泰国人学汉语》**คนไทยเรียนภาษาจีน**:

徐霄鹰、周小兵编著,由中国中山大学与泰国华侨崇圣大学的学者合作编写,北京大学出版社,2006 年。

(2)《体验汉语》**สัมผัสภาษาจีน**(高中篇、初中篇、小学篇):是在中国国家汉办和泰国教育部基础教育委员会的合作与帮助下,由"国际语言研究与发展中心"专门为泰国中小学生编写的系列汉语教材,高等教育出版社,2006 年。

(3)《实用汉语教程》**หนังสือเรียนภาษาจีน**:杜厚文主编,供高中一至三年级学生使用,也可作为一般社会人士通过泰国卫星远程教育电视台的转播来学习汉语的教材,泰国普通教育卫星远程教育基金会,2002 年。

(4)《创智汉语》**ภาษาจีนสร้างสรรค์**:是由云南师范大学组织中泰两国汉语教师共同编写的一套综合性汉语教材,供泰国初中生和高中生使用,也可供泰国小学生和其他汉语学习者选用,泰国贸易组织出版社,2009 年。

(5)《汉语短期教程》**ภาษาจีนหลักสูตรเร่งรัด**:简启贤、吉娜编著,是专门为母语为泰语的人编写的初级短期汉语教材,泰国 Book point 出版社,2003 年。

(6)《中文》**แบบเรียนภาษาจีน**:是由泰国圣卡比利安(Saint Gabriel's)慈善基金会成立的"中国语言和文化中心"的专家和北京语言大学的李润新、程相文两位教授合编的 12 年制连续性汉语教材。

3. 中国人编写的汉语教材

(1)《汉语教程》**แบบเรียนภาษาจีน**(泰文注释本):杨寄洲主编,是为母语为泰语的学习者编写的一套初级汉语教材,供一学年使用,北京语言大学出版社,2006 年。

(2)《汉语乐园》**เพลินกับภาษาจีน—เรียนภาษาจีนให้สนุก**(泰语版):刘富华、王巍、周芮安、李冬梅编著,以泰国 6—12 岁汉语初学者为适用对象,北京语言大学出版社,2009 年。

以上这些教材都是从零基础初学阶段开始教授汉语,多数教材含具有较鲜明泰国本土特色的内容并使用泰文释义、注解语言难点,且大都为近十年内出版发行的教材。因此,这些教材的难度起点、面向国别和适用对象大致相当。

二、参照标准

我们按照《汉语国际教育用音节汉字词汇等级划分(国家标准·应用解读本)》(以下简称《等级划分》)对每套教材的生词进行等级划分并统计出各等级生词在教材中的比例。《等级划分》中的词汇分普及化等级、中级、高级三个级别,其基本框架如下:

表 1 《等级划分》词汇的基本框架

等级划分与等级水平		词汇数量
一级④ (普及化等级)	最低入门等级	505
	"一级"	1740
二级(中级)	二级(中级)	3211
三级(高级)⑤	"三级"	4175
	"附录"	1461
总计		11092

三、生词的数量、等级统计及分析

1. 生词的总量和单课平均量是教材容量的基本体现

在教材生词语料库中对各教材生词总量和单课平均生词量进行统计和分析,可以从宏观和微观层面对教材的词汇容量进行掌握。

表 2 各套汉语教材生词数量统计

教材名称	生词总量	课数	单课平均生词量
汉语启蒙	1431	16	89
汉语应用	1496	38	39
汉语短期教程	390	12	33
基础汉语	1340	43	31
体验汉语(高中)	2335	102	23

续表

教材名称	生词总量	课数	单课平均生词量
泰国人学汉语	1152	50	23
汉语教程	656	29	23
实用汉语教程	3149	150	21
体验汉语（初中）	1433	68	21
初级汉语	444	26	17
创智汉语	1215	87	14
儿童汉语	514	51	10
快乐学中文	1137	126	9
体验汉语（小学）	323	46	7
中文	436	62	7
汉语乐园	72	12	6

　　初级教材每课生词以 20 到 30 个为宜（杨德峰，1997），也有的学者根据认知心理学"组块（Chunk）理论"的研究结果，认为初级教材

每课的生词数量最好不超过 38 个（董明、桂弘，2005）。这 16 套教材共有 17523 个生词，其中，生词总量最多的是《实用汉语教程》，最少的是《汉语乐园》。每套教材平均生词总量为 1095 个，单课平均生词量在 6—89 之间，均值为 23 个。

　　每套教材的生词数量大致反映出了教材的容量，而不同容量的汉语教材是为了满足不同的需要。教材容量不同，一是因为教材教学对象的年龄、学历层次不同，如《汉语乐园》是针对少儿编写，生词数量自然较少；二是因为开设汉语课程的学校学制不一，汉语学习者的学习需求也有所不同。因此，教材编写者需要作好前期调查，根据学校、学生和教师三方的实际需求，将教材生词数量控制在科学的范围内。

2. 普及化等级和中级词汇是教材生词最主要的组成部分

　　各套教材中生词的等级分布情况见表 3。

表 3　各套教材生词的等级分布[①]

教材名称	普及化等级		中级	高级				超等级生词	
	最低入门等级	"一级"	二级	"三级"		"附录"			
中文	66	15%	87	20%	72	17%	31	7%	3	1%	177	41%
实用汉语教程	328	10%	824	26%	712	23%	386	12%	55	2%	844	27%
体验汉语（高中）	310	13%	684	29%	541	23%	217	9%	35	2%	548	24%
体验汉语（初中）	247	17%	427	30%	296	21%	127	9%	18	.1%	318	22%
汉语启蒙	107	8%	347	24%	294	21%	170	12%	28	2%	485	34%
快乐学中文	219	19%	267	24%	213	19%	93	8%	20	2%	325	29%
泰国人学汉语	343	30%	475	41%	184	16%	28	2%	5	0.4%	117	10%
基础汉语	333	25%	411	31%	259	19%	104	8%	14	1%	219	16%
汉语应用	185	12%	482	32%	328	22%	123	8%	16	1%	362	24%
创智汉语	332	27%	404	33%	249	21%	63	5%	2	0.2%	165	14%
儿童汉语	190	37%	126	25%	90	18%	31	6%	0	0%	77	15%
初级汉语	241	54%	105	24%	31	7%	8	2%	3	1%	56	13%
汉语短期教程	186	48%	67	17%	46	12%	6	2%	0	0%	85	22%
汉语教程	290	44%	204	31%	81	12%	13	2%	1	0.2%	67	10%
体验汉语（小学）	121	38%	64	20%	44	14%	13	4%	1	0.3%	80	25%
汉语乐园	39	54%	14	19%	7	10%	2	3%	0	0%	10	14%
总计	8525			3447		1616			3935	

由表3可以看出,在全部教材的等级生词中,普及化等级生词的数量和所占比例最大,其他等级生词的数量逐级递减。全部教材中普及化等级生词共有8525个,占全部教材生词总量的49%,平均每套教材普及化等级生词的数量为533个,占各自教材生词总量的平均比例为55%。全部教材中,普及化等级和中级生词共占全部生词总数的68%。"在一段时期内,普及化等级水平和中级水平这两个等级标准可以作为世界各地国际汉语教学的等级量化指标。"[⑦]因此,这16套教材中这两个等级的词汇比重与国际汉语教学的一般标准和要求是相符的。

在普及化等级生词中,最低入门等级生词总量为3537个,占全部教材生词总量的20%,占普及化等级生词总量的41%。平均每套教材最低入门等级生词的数量为221个,占各自教材生词总量的平均比例为28%。全部教材中,"一级"生词总量为4988个,占全部教材生词总量的28%,占普及化等级生词总量的59%。平均每套教材"一级"生词的数量为312个,占各自教材生词总量的平均比例为27%。在16套教材中,最低入门等级生词和"一级"生词的总数量比为1∶1.4。可见,这16套教材的普及化等级生词的内部构成,无论在数量还是比例上基本都保持了平衡。

3. 高级生词数量较少,内部构成不够均衡

全部教材中高级生词仅有1616个,占全部教材生词总量的9%,平均每套教材中高级生词的数量为101个,占各自教材生词总量的平均比例为7%。其中,"三级"生词共有1415个,占全部教材生词总量的8%,占全部教材高级生词总量的88%。平均每套教材中"三级"生词的数量为88个,占各自教材生词总量的平均比例为6%。"附录"生词共有201个,占全部教材生词总量的1%,占全部教材高级生词总量的12%。平均每套教材中"附录"生词的数量仅为13个,占各自教材生词总量的平均比例仅为1%。不仅如此,各套教材中"附录"生词在教材生词总量中的比例均未超过2%,全部教材中"三级"生词数量与"附录"

生词数量的比例约为7∶1。可见,这16套教材中"附录"生词与"三级"生词的数量差距较大,且部分教材甚至没有出现"附录"生词。

4. 超等级生词偏多

本研究中的"超等级生词"指的是超出《等级划分》的词,即不在《等级划分》11092个词之列的生词。这16套教材中,每套教材都存在一定比例的超等级生词,平均数量为246个,占各自教材生词总量的平均比例为21%。全部教材超等级生词共有3935个,占全部教材生词总量的22%,这个比例仅次于普及化等级生词,甚至超过了中级和高级生词。其中,《实用汉语教程》超等级生词最多,为844个,而从比例上看,《中文》中的超等级生词比例最大,为41%。

教材中存在少量超等级生词是常见的现象,但在以普及化等级和中级词汇为主的零起点初级汉语教材中,出现了大量的超等级生词,说明教材编写者在选词时未充分意识到超等级词过多的问题。

对于此问题,我们首先应理性地看待教材中部分超等级词语存在的合理性。《等级划分》中关于音节、汉字、词汇灵活使用的说明指出,为适应国内对外汉语教学和世界各地国际汉语教学多样化的教学需要,每一等级的汉字量和词汇量可以替换或增补不超过5%的内容,如国名、地名、学校名、人名,以及当地具有文化特色的食品、用品名称和常用交际词语等。可见,对于符合以上情况的超等级生词,可以适度放宽数量限制。其次,要规范教材编写中对词语的选用,以《等级划分》为依据,严格控制超等级词。在具体设置生词时,可以利用语料库技术。如果能在编写教材时综合以上两点,便能基本避免超等级生词过多的问题。

四、生词的频次及在《等级划分》中的覆盖率统计

1. 超等级生词数量多且频次低

用Access程序对"泰国汉语教材语料库"中这16套教材的17523个生词进行计数筛

分,得出了 7620 个无重复的生词及其频次,其中超等级生词有 3040 个。由表 4 统计可知,无重复的超等级生词的数量超过了各等级的生词。在频次为 1 次的 4445 个生词中,超等级生词高达 2522 个,分别占生词总数和全部超等级生词的 33% 和 83%,也就是说,超等级生词大多数属于低频词,其中,"泰国"是频次最高的超等级词(15 次)。

2. 等级生词的总数偏少且数量、频次和覆盖率逐级递减

等级生词(无重复)共 4580 个,仅占《等级划分》词汇总量的 41%。普及化等级、中级和高级生词的数量、频次及其在《等级划分》中的覆盖率整体上呈逐级递减的趋势。值得一提的是,最低入门等级生词虽然仅占全部教材生词总量的 6%,但在各等级生词中,最低入门等级生词与其《等级划分》中相应等级的词汇数量最为接近。《等级划分》中"最低入门等级"词汇设立的目的是"降低起步的门槛,稀释学习的难度,回归语言学习的本质"(刘英林、马箭飞,2010)。教材中最大限度地普及最低入门等级词汇是激发学习者学习兴趣、促使其又好又快地掌握汉语的有效途径。在初级汉语教材的编写中,有必要重视该等级词汇的设置。

表 4　全部教材中各等级生词(无重复)的数量及比例⑧

生词等级	数量	比例	频次范围	平均频次	在《等级划分》中的覆盖率
最低入门等级	449	6%	1—16	7.9	91%
"一级"	1363	18%	1—16	3.8	78%
二级	1597	21%	1—13	2.2	50%
"三级"	966	13%	1—8	1.5	23%
"附录"	157	2%	1—5	1.3	11%
超等级	3040	40%	1—15	1.27	

五、生词的音节分布

16 套教材中,全部无重复的生词的平均音节数为 2.15,超过 2,这主要是受三音节及以上的超等级生词的影响所致。但是,双音节词汇占生词总数的 64.83%,单音节词不到双音节词的四分之一,三音节及以上的词汇较少,说明各等级生词仍以双音节词汇为主。据《现代汉语频率词典》统计,现代汉语中双音节词占总词数的 73.63%。这说明,这 16 套汉语教材中生词的音节情况与现代汉语整体情况吻合。

"单音节词是基本词汇的核心,是描写现代汉语词汇体系的突破口,是整个词汇体系的最底层,是其他一切词汇形式赖以生成的重要基础"(王世友,2000)。这 16 套教材中,普及化等级、中级、高级的单音节和双音节词数量逐级递减,而三音节及以上的词汇数量基本上呈递增趋势。我们应该在基础汉语教材中合理地设置不同等级的具有较强构词能力的单音节词,同时也要重视具有较强交际功用的双音节词。

表 5　全部教材中各等级生词的音节分布

生词等级	单音节	双音节	三音节	四音节	四音节以上	平均音节
最低入门等级	181	231	37	0	0	1.68
"一级"	278	1030	49	6	0	1.84
二级	344	1164	85	4	0	1.84
"三级"	126	776	44	20	0	1.18

续表

生词等级	单音节	双音节	三音节	四音节	四音节以上	平均音节
"附录"	12	105	10	30	0	2.37
超等级	179	1603	762	355	141	2.56
合计	1120	4909	987	415	141	2.15

六、具有泰国本土特色的词语的提取及对教材编写的建议

"对外汉语教材应选用使用率高,具有普遍功能,有学习者母语特色的词语。词语的选择应始终围绕学习者的需求来进行。"(陆俭明,1999)因此,我们在编写面向泰国学习者的汉语教材的时候,不仅要重视高频词汇,而且应该根据泰国的社会文化特点,选用一些方便学习者生活交际的具有泰国本土特色的词语。在经过人工筛分和泰国籍人士验证后,笔者从语料库中提取出了类别较为明确的145个具有泰国本土特色的词语⑨,这些词语都为超等级词语。

表6　具有泰国本土特色的词语归类表

类别	词语
国家民族特征	东南亚、东南亚国家联盟、泰、泰国、泰族、泰语、泰文、泰王国、泰籍、铢、泰铢、泰式庭院(12个)
河、湖、湾、海	湄公河、泰国湾、湄南河、宋卡湖、安达曼海、昭披耶河(6个)
季节	凉季、雨季、热季(3个)
历法	佛历、泰历(2个)
体育运动	藤球、泰拳(2个)
商业机构	朱拉隆功医院、群侨商业中心、曼谷大京都、曼谷金桥商业中心、金行、南美书局、水上市场、龙巷(8个)
大学	华侨崇圣大学、法政大学、朱拉隆功大学、曼谷商会大学、曼谷大学(5个)
动作	合十、大赦、御乘、祝颂、加冕、拜月、凉拌(7个)
交通工具	嘟嘟车、天铁(BTS)(2个)
特色称谓	天使之城、微笑王国(2个)
城市和地区	清迈、曼谷、普吉岛、普吉、芭提(他)雅、芭堤雅、苏梅岛、外府、帕塔亚、素坤逸、素旺那普、斯帕亚码头、叻抛、暖武里、吞武里府、沙吞南路、沙吞北路、柏南四路、是隆路(19个)
华人华侨	潮州、唐人街、中国城、耀华力、耀华力路、三聘街、石龙军路(7个)
物产	泰丝、袖木、紫檀、椰林、芭蕉树、芭蕉叶、莎草(7个)
王室	君主立宪制、泰皇、先皇、第一世皇、普密蓬·阿杜德、诗丽吉皇后、颂圣歌、御服(8个)
历史王朝	素可泰王朝、节基王朝、曼谷王朝(3个)
水果	红毛丹、山竹、菠萝蜜、龙眼、番石榴、人心果、莲雾、龙功(8个)
节日	水灯节、宋干(甘)节、出夏节、守夏节、佛诞节、万佛节、拜佛节、浴佛节(8个)
饮食	泰餐、酸辣虾汤(冬阴功汤)、凉拌木瓜丝、烤大虾、鱼粥、鸡肉饭、螃蟹炒菜、蟹肉炒饭、炸鱼饼、炸鱼肉、椰浆酸辣鸡汤、茉莉香米、芒果糯米饭、木瓜沙拉、鱼露(15个)
著名景点	大皇(王)宫、四面神(佛)、黎明寺、大城、卧佛寺、玉佛寺、善见寺、金佛寺、大觉寺、挽芭茵行宫、阿蓬碧莫亭、乐达纳舍利塔、碧隆天神殿、大雄宝殿、兜率殿、天明殿、节基殿、因陀罗殿、一世皇纪念像广场、是拉差龙虎园、鳄鱼湖(21个)

以上具有泰国本土特色词语的分类和具体词汇是基于对本语料库中这 16 套教材所作的穷尽式研究提取而得,可作为同类教材编写时的参考依据,教材编写者可根据教材的用途和学习者特点进行合理的选取。

这些具有泰国本土特色的词语反映了泰国的社会文化生活,但各词语的常用度和重要性不同,而且这 16 套教材多数为初级汉语教材,从中提取出的这些词语,在种类、数量和范围上也会有一定的限制。因此,如果要编写其他面向泰国学习者的专门用途或中高级的汉语教材,就需要作更为广泛、深入和专业性更强的词汇研究和选取,以弥补现有研究成果的不足。

七、结语

本文对 16 套在泰国使用的汉语教材的生词数量进行了统计,并依据《等级划分》为其定级,在此基础上进行了相对粗浅的定量和定性研究,总结出了这些汉语教材生词分布的整体特点。本文对在泰国使用的汉语教材生词分布特点的总结,以及提取出的具有泰国本土特色的词语,可为今后面向泰国学习者的汉语教材的编写提供参考依据。

附 注

① 本研究得到国家社科基金项目"泰国汉语快速传播模式及其对汉语国际传播的启示研究"(批准号:08BYY018)资助。
② 该语料库是由中央民族大学国际教育学院建立的"国际汉语教学数据库"中"国别化教材研究库"的子库,是"国际汉语教学数据库"的重要组成部分。
③ 各套教材情况介绍中的年份为该套教材第一本书的出版年份。
④ 一级(普及化等级)词汇分为两个档次、三个小层次:第一档最常用词 1342 个,分两个小层次,最低入门等级词汇 505 个,其他最常用词 837 个;第二档常用词 903

个。普及化等级词汇共计 2245 个。本文为凸显最低入门等级词汇的重要性,并为与同级别的其他两部分词汇相区别,故将后两部分的 1740 个词汇统称为"一级"词汇。
⑤ 三级(高级)词汇分为两个部分:高级水平和高级"附录"。本文为便于说明,将前者称为"三级"词汇,后者称为"附录"词汇。
⑥ 表中百分数进行了四舍五入处理,表 4 同。
⑦ 见《等级划分》中关于音节、汉字、词汇灵活使用的说明。
⑧ 本文在对生词的频次和音节的研究中暂不统计 16 套教材中的 48 个在《等级划分》中处于两个或两个以上不同等级的兼类词。
⑨ 为较准确地反映泰国社会文化生活的面貌,此处提取的具有泰国本土特色的词语也包括一些在泰国社会生活中常用的短语。

参考文献

[1] 北京语言学院语言教学研究所.现代汉语频率词典.北京:北京语言学院出版社,1986.
[2] 蔡丽,贾益民.海外华语教材选词共性分析.暨南学报(人文科学与社会科学版),2004(2).
[3] 董明,桂弘.谈谈好教材的标准.语言文字应用,2005(S1).
[4] 郭曙纶,张红武.谈对外汉语教材中的超纲词.上海师范大学学报,2003(增刊).
[5] 刘英林,马箭飞.研制《汉语国际教育用音节汉字词汇等级划分》探寻汉语国际教育新思维.世界汉语教学,2010(1).
[6] 陆俭明.关于对外汉语教学基础研究之管见.语言文字应用,1999(4).
[7] 王世友.现代汉语单音词的范围、性质和地位.语言文字应用,2000(1).
[8] 杨德峰.试论对外汉语教材的规范性.语言教学与研究,1997(3).

(作者简介:吴峰,中央民族大学国际教育学院语言学及应用语言学专业博士研究生,研究方向为汉语国际传播。)

欧美学生"VP＋起来"的
习得情况考察

刘　佳

提　要　本文采用了问卷调查的方式对欧美学生习得"VP＋起来"的情况进行了定量研究。问卷通过翻译题和正误判断题两种方法考察了欧美学生"VP＋起来"的习得情况。本文考察的范围是"起来"的趋向义、结果义和时体义,并通过对初级、中级、高级三个水平 63 名欧美学生答卷的正确率进行统计、检验和分析,得出了欧美学生"VP＋起来"的习得过程。此外,我们从偏误分析的角度归纳了五类偏误类型,这五类分别是:"起来"的缺失、VP 的缺失、VP 选择错误、相关结构误代和回避使用"VP＋起来"。在此基础上对这五种偏误类型进行了解释和分布特点分析。

关键词　VP＋起来　习得过程　偏误分析

一、调查设计和研究方法

1. 调查问卷的设计

采用调查问卷的形式收集研究所需的语料。

1.1　调查问卷涉及的内容(见表 1)

表 1

	义　项
起来 1	表示人或事物随动作由下向上(位移义)
起来 2	表示动作完成,兼有聚拢或达到一定目的、结果的意思(结果义)
起来 3	表示动作或状态的开始,并有继续下去、继续加深的意思(体貌义)

1.2　调查问卷的测试题型

该测试的题型具体有以下两种:(1)英译汉;(2)判断对错。

2. 被试情况

一共发放了 110 份问卷,回收了 76 份,回收率为 69%,有效问卷 63 份,占回收问卷总数的 83%。

3. 调查问卷的评分标准

翻译题,学生正确使用"VP+起来"或者使用了该结构但存在其他句法错误的记 1 分;未使用但结构语义都正确的记为 0 分;未使用并且句法语义存在严重问题的句子记×。判断题,判断对的记 1 分,判断错的记 0 分。

二、调查结果的分析与讨论

1. 问卷调查的初步整理结果

我们使用计算正确率的方法对所收集到的语料进行统计,得到了初步统计结果。被试完成问卷的总正确率是 45.80%,完成问卷的总错误率是 54.20%,两者差异并不是很大,而且总正确率也不算高,由此可见,欧美学生对于"VP+起来"整体的习得情况并不是很让人乐观,存在的问题较多。但问卷中的干扰项错误率仅有 5.82%,和总错误率相差很大。这说明被试答卷的态度是比较认真的,得出的数据也比较可信。

2. "VP+起来"三个义项在不同汉语水平上的习得情况

被试对于"VP+起来"的使用正确率在初、中、高三个水平段上是呈上升趋势的。也就是说,随着汉语水平的提高,欧美学生对于"VP+起来"的习得是往好的方向发展的,学生的中介语在慢慢向目的语靠拢。另外,欧美学生习得"VP+起来"时,在从初级阶段到中级阶段这个发展过程中,有了很大的提高,进展很明显;而在从中级阶段到高级阶段这个过程中,提高并不是很大,没有明显进展。

这只是一种大概的发展趋势。具体表现还需要我们作进一步的数据处理和分析。我们对数据进行统计、检验,采用的检验方法是先进行平均数差异的显著性检验,然后用方差分析进行验证。

我们考察的是学生习得"VP+起来"在初、中、高三个阶段的发展表现,初、中、高是有先后顺序的,因此我们只看初级—中级、中级—高级这两对的比较(见表 2、表 3、表 4)。

表 2 "起来 1"平均数差异的显著性检验结果

初级和中级

Independent Samples Test

	Levene's Test for Equality of Variances		t-test for Equality of Means						
								95% Confidence Interval of the Difference	
	F	Sig.	t	df	ig. (2-tailed)	Mean Difference	Std. Error Difference	Lower	Upper
正确率 Equal variances assumed	.003	.955	−2.691	42	.010	−.1385	.05146	−.24236	−.03466
Equal variances not assumed			−2.689	41.502	.010	−.1385	.05150	−.24248	−.03454

中级和高级

Independent Samples Test

	Levene's Test for Equality of Variances		t-test for Equality of Means						
								95% Confidence Interval of the Difference	
	F	Sig.	t	df	ig. (2-tailed)	Mean Difference	Std. Error Difference	Lower	Upper
正确率 Equal variances assumed	1.711	.198	−.984	40	.331	−.0570	.05794	−.17407	.06011
Equal variances not assumed			−.965	34.754	.341	−.0570	.05906	−.17691	.06295

方差分析

ANOVA

正确率

	Sum of Squares	df	Mean Square	F	Sig.
Between Groups	.412	2	.206	6.211	.004
Within Groups	1.988	60	.033		
Total	2.400	62			

正确率

Student-Newman-Keuls　　　　　　a,b

水平阶段	N	Subset for alpha = .05	
		1	2
1	21	.3571	
2	23		.4957
3	19		.5526
Sig.		1.000	.316

Means for groups in homogeneous subsets are displayed.

a. Uses Harmonic Mean Sample Size = 20.873.

b. The group sizes are unequal. The harmonic mean of the group sizes is used. Type I error levels are not guaranteed.

"起来1"平均数差异的显著性检验结果显示：

（1）初级和中级，t＝−2.691，P＝0.01＜0.05，差异显著，这说明初级和中级的差异达到了显著的水平。

（2）中级和高级，t＝−0.984，P＝0.331＞0.05，差异不显著，这说明中级和高级的差异没有达到显著的水平。

方差分析结果：

P＝0.004＜0.05，差异显著，这表明在初、中、高三个水平阶段中，其中有一对或一对以上的阶段组是有差异的。通过事后检验,我们发现初级—中级之间的差异确实到　差异显著性检验的结果。
了显著的水平。这一结果验证了前面平均数

表 3　"起来 2"平均数差异的显著性检验结果

初级和中级

Independent Samples Test

	Levene's Test for Equality of Variances		t-test for Equality of Means						
	F	Sig.	t	df	ig. (2-tailed)	Mean Difference	Std. Error Difference	95% Confidence Interval of the Difference	
								Lower	Upper
正确率Equal variances assumed	.126	.724	−1.930	42	.060	−.0916	.04747	−.18744	.00417
Equal variances not assumed			−1.909	37.865	.064	−.0916	.04801	−.18883	.00556

中级和高级

Independent Samples Test

	Levene's Test for Equality of Variances		t-test for Equality of Means						
	F	Sig.	t	df	ig. (2-tailed)	Mean Difference	Std. Error Difference	95% Confidence Interval of the Difference	
								Lower	Upper
正确率Equal variances assumed	1.540	.222	−.766	40	.448	−.0359	.04682	−.13048	.05876
Equal variances not assumed			−.752	35.100	.457	−.0359	.04765	−.13259	.06087

方差分析

ANOVA

正确率

	Sum of Squares	df	Mean Square	F	Sig.
Between Groups	.176	2	.088	3.449	.038
Within Groups	1.533	60	.026		
Total	1.709	62			

正确率

Student-Newman-Keuls   a，b

水平阶段	N	Subset for alpha = .05	
		1	2
1	21	.3462	
2	23	.4378	.4378
3	19		.4737
Sig.		.069	.471

Means for groups in homogeneous subsets are displayed.

a. Uses Harmonic Mean Sample Size = 20. 873.

b. The group sizes are unequal. The harmonic mean of the group sizes is used. Type I error levels are not guaranteed.

"起来 2"平均数差异的显著性检验结果显示：

（1）初级和中级，t＝—1.930，P＝0.060＞0.05，差异不显著，这说明初级和中级的差异没有达到显著的水平。

（2）中级和高级，t＝—0.766，P＝0.448＞0.05，差异不显著，这说明中级和高级的差异没有达到显著的水平。

方差分析结果：

P＝0.038＜0.05，差异显著，这表明在初、中、高三个水平阶段中，其中有一对或一对以上的阶段组是有差异的。通过事后检验，我们发现初级—高级的差异达到了显著的水平。这一结果验证了平均数差异显著性检验的结果。

表 4 "起来 3"平均数差异的显著性检验结果

初级和中级

Independent Samples Test

	Levene's Test for Equality of Variances		t-test for Equality of Means						
	F	Sig.	t	df	ig. (2-tailed)	Mean Difference	Std. Error Difference	95% Confidence Interval of the Difference	
								Lower	Upper
正确率Equal variances assumed	.296	.589	−2.387	42	.022	−.1215	.05089	−.22416	−.01878
Equal variances not assumed			−2.375	40.294	.022	−.1215	.05115	−.22483	−.01811

中级和高级
Independent Samples Test

	Levene's Test for Equality of Variances		t-test for Equality of Means						
								95% Confidence Interval of the Difference	
	F	Sig.	t	df	ig. (2-tailed)	Mean Difference	Std. Error Difference	Lower	Upper
正确率 Equal variances assumed	1.294	.262	−1.915	40	.063	−.0815	.04254	−.16747	.00450
Equal variances not assumed			−1.992	38.197	.054	−.0815	.04092	−.16431	.00133

方差分析
ANOVA

正确率

	Sum of Squares	df	Mean Square	F	Sig.
Between Groups	.420	2	.210	9.069	.000
Within Groups	1.390	60	.023		
Total	1.810	62			

正确率

Student-Newman-Keuls　　　　　　　　　　a,b

水平阶段	N	Subset for alpha = .05	
		1	2
1	21	.3781	
2	23		.4996
3	19		.5811
Sig.		1.000	.089

Means for groups in homogeneous subsets are displayed.

a. Uses Harmonic Mean Sample Size = 20.873.

b. The group sizes are unequal. The harmonic mean of the group sizes is used. Type I error levels are not guaranteed.

"起来 3"平均数差异的显著性检验结果显示：

（1）初级和中级，t = —2.387，P = 0.022 < 0.05，差异显著，这说明初级和中级的差异达到了显著的水平。

（2）中级和高级，t = —1.915，P = 0.063 > 0.05，差异不显著，这说明中级和高级的差异没有达到显著的水平。

方差分析结果：

P = 0.000 < 0.05，差异显著，这表明在初、中、高三个水平阶段中，其中有一对或一对以上的阶段组是有差异的。通过事后检验，我们发现初级—中级这组确实有显著差异。这一结果验证了平均数差异显著性检验

的结果。

据此我们可以推断：

（1）欧美学生对于"VP＋起来"的习得，在从初级到高级这个完整的过程中，总体表现比较好，验证了小样本的发展趋势适用于大样本。

（2）但从初级到中级这个发展阶段来看，三个义项的习得过程并不都呈现出明显发展的趋势。"起来1"和"起来3"的趋势是相同的，初级到中级这个过渡段对"起来1"和"起来3"的正确率影响很大，说明欧美学生在习得"起来1"和"起来3"时，从初级到中级，习得有明显的进步。但是"起来2"不同，学生的习得没有明显的进步，处于一个缓慢发展的状态。出现这样的发展趋势，说明"起来2"的难度比较大，学生需要一个很长的习得过程。

（3）从中级到高级这个阶段，三个义项的发展呈现出了一致的趋势，都是没有明显的进步，处于缓慢或者停滞的状态。这说明随着汉语水平的提高，欧美学生的中介语系统也更加复杂。

3. 同一汉语水平上"VP＋起来"三个义项的习得情况

在初、中、高三个阶段，"起来2"的习得情况都不如"起来1"和"起来3"，特别是在中高级阶段。同一汉语水平上，"起来"的三个义项习得情况是怎样的？初步的数据分析还不能解决这个问题，我们还需要进行统计分析。因此，我们采用和上文同样的方法，使用平均数差异的显著性检验来检验。

结果显示：

（1）初级阶段"起来1"和"起来2"，$t = 0.204$，$p = 0.839 > 0.05$，差异不显著；"起来2"和"起来3"，$t = -0.583$，$p = 0.563 > 0.05$，差异不显著；"起来1"和"起来3"，$t = -0.388$，$p = 0.700 > 0.05$，差异不显著。在这个阶段，两两比较，差异均不显著，这说明对于初级阶段的学生来说，三个义项的习得情况没有好坏之分，基本趋于同步。

（2）中级阶段"起来1"和"起来2"，$t = 1.271$，$p = 0.211 > 0.05$，差异不显著；起来2

和起来3，$t = -2.184$，$p = 0.031 < 0.05$，差异显著；"起来1"和"起来3"，$t = -0.517$，$p = 0.606 > 0.05$，差异不显著。

（3）高级阶段"起来1"和"起来2"，$t = 1.498$，$p = 0.137 > 0.05$，差异不显著；"起来2"和"起来3"，$t = -2.391$，$p = 0.022 < 0.05$，差异显著；"起来1"和"起来3"，$t = -0.536$，$p = 0.596 > 0.05$，差异不显著。

中级和高级有相同的趋势，即："起来3"明显好于"起来2"的习得，"起来1"、"起来2"、"起来3"的习得趋于同步，没有明显差异。

"起来2"在欧美学生的习得过程中是一个难点，需要很长的时间来内化。而表示时体意义的"起来3"更容易被较快地内化。我们可以从认知的角度来解释这个现象的原因。认知语义学理论用意象图式及隐喻、转喻引申义来说明一个词语相互关联的多个义项之间的关系，较好地解释了多义现象。认知语义学认为人类空间概念是基本概念，在此基础上形成人类基本的意象图式，再经过隐喻和转喻模式，物理空间概念被映射到其他抽象的概念结构中去，于是，其他本无空间内容的概念也被赋予了一种空间结构，一个词的意义具有了不同的、但是彼此之间有联系的义项。在空间上经过一定位移到达某个地点与在动作延续一段时间后达到某一个时间点的过程有相似之处。这成为时间和空间概念相同的认知基础，因此时间概念常常是以空间概念为基础建立起来的。通过隐喻的认知规律，我们可以发现"起来"从"达到动作发展趋向的空间位置"虚化为"达到动作发展趋向的时间位置"。而相比之下，结果意义就显得更加抽象，学生很难通过已有的认知图式联系结果意义。

三、从语言偏误分析角度看欧美学生习得"VP＋起来"的情况

1. 欧美学生习得"VP＋起来"时出现的偏误类型及原因分析

我们将问卷第一部分的翻译题出现的病句归纳为以下几类偏误。

1.1 "起来"的缺失

应该使用"VP + 起来"时却没有使用"起来",只是用单个动词或者形容词来表达整个结构的功能。比如调查材料中出现了这样的句子:

① *他那么强壮他能提一个重箱。

出现这样的偏误,主要原因是受到了母语的干扰,因为在英语中,"提起来"对应的是 lift,只有一个动词。在英语语法中,当动词与介词的空间意义比较接近时,可以省掉介词,而汉语却不可以。汉语里能加趋向补语的动词和英语里不能省略介词的动词只有部分是重合的,无法对应的是大部分。汉英两种语言之间的这种不对应性导致了此类偏误的产生。

1.2 VP 的缺失

"起来"本身是动词,但是当它被用作补语时语法功能与意义都发生了变化,不再表示动作行为,而是辅助性地表示相关的方向意义或结果意义,或者以空间转喻时间,成为一种时体成分。因此,作为补语时,它本身所包含的动作意义是不能单独被提取出来的。然而,问卷中出现了这样的句子:

② *太阳起来了。

以上这个句子缺少动词,把"起来"直接当作动词来使用。"起来"可以单独做谓语动词,在英文中对应的意思是"get up",被试特别注意了"起来"的这个动作意义,错误地认为单独使用"起来"就可以表达整个动作的意义,而没有真正理解这里的"起来"是要跟在动词后面,表示动作发生的方向。"起来"作为谓语动词这一用法先被第二语言学习者习得,然后在学习"起来"作为趋向补语这一语法项目的时候,第二语言学习者便将它能单独做动词的特点扩大化。目的语规则的过度泛化导致了此类偏误的出现。

1.3 VP 选择错误

VP 的语义特征决定了"起来"的意义。不理解 VP 的语义会影响对"起来"的选择,同时,由于对"起来"的本义和引申义一知半解,在选择动词时也会出现偏误。

③ *我回想起来我在家里忘了我的书。

"回想"和"想"的语义特征有细微的差异。"想"所涉及的可以是刚刚发生的事情,也可以是已经发生了很久的事情,而"回想"只能是已经发生了很久的事情。虽然"回想"可以和"起来"搭配,但是并不适合③的语境,应改为"想起来"。

1.4 相关结构的误用

留学生有使用趋向补语的意识,知道在 VP 后要加一些成分才能把句子的意思表达完整。但在选择趋向补语时却出现了偏差,应该用"起来"却使用了语义上有相似性的另一种结构形式。例如:

④ *她从地下捡上来一把钥匙。

被试不清楚"起来"和"上来"的语义差别,在使用时产生了混淆。"起来"和"上来"有共同之处,都是通过动作,使人或物体的位置发生由低到高的空间上的变化。不同之处是,"起来"不涉及立足点的问题。

从问卷的总体情况来看,出现此类偏误的句子不仅数量大,误用的相关结构形式也很丰富。因此我们又根据相关结构形式的特点,将此类偏误归纳成了几个小类:

(1)"起"误代"起来"。

从句法结构上看,如果动词后有宾语,有时应当使用"起",有时可以使用"起来",动词后面没有宾语时,一般必须使用"起来"。例如:

⑤ *他从地板上把钥匙拿起了。

2)趋向补语的其他形式误代"起来"。

"起来1"和"起来2"属于趋向补语的范畴,在这个范畴里有很多形式相近、但意义有差别的其他结构。它们可以和同一个动词结合,但表示的意义却很不相同。例如:

⑥ *加上从一到十的数字。

3)其他补语形式误代"起来"。

除了趋向补语以外,动词后面还可以跟结果补语、可能补语、时量补语和动量补语等补语类型。有些补语在语义上和"起来"相近,因此,留学生很容易只关注它们之间的共同点,而忽略了它们之间的差别。例如：

⑦＊他被热烈崇拜者围住了。

4）体标记的误代。

汉语通常用"着"、"了"、"过"、"起来"等词表示时体概念。"起来3"就是一种体标记。由于被试分不清时体范畴里每个小项之间的差别，就会产生以下的偏误：

⑧＊他被迷们围着。

1.5 回避使用"VP＋起来"

回避策略是第二语言学习者在语言运用过程中的一种心理活动。

对于调查问卷中第13、16、17题的翻译，很多被试采用了以下形式：

⑨他的笑话让大家开始笑。

2. 偏误类型分布特点分析

2.1 从不同水平段看偏误分布特点

（1）从初级到中级，偏误数量增加，从中级到高级，偏误数量减少。中级学习者的偏误要比初级多一些，这是因为初级水平的学生因为语言能力低，没有翻译难度大的句子，因此偏误出现的几率就小，到了中级，可以翻译一些难度较大的句子，但是没有完全掌握汉语遣词造句的规则，在翻译的过程中难免会出现偏误。

（2）初、中、高三个阶段，每个阶段都有上述五大偏误类型出现。但在初级阶段，体标记误代这一个小类的偏误百分比却为0。体标记是一个难度等级比较高的语法项目，"起来3"的教学一般被安排在其他体标记之后。初级阶段的学生还没有学到"起来"所表示的时的概念，这种时的概念在中级阶段学习者的语言系统中慢慢形成，到了高级阶段进入了一个爆发期。但是在这个过程中，学习者并没有弄清楚各个体标记之间的区别，从而导致在爆发期也呈现出了混乱的状态。

（3）在初、中、高三个阶段，"起来"的缺失和回避使用"VP＋起来"都是偏误数量最多的两个偏误类别。这和"VP＋起来"本身的难度等级有关，"起来"有本义和引申义，引申义又

包括结果义和时体义。语义内部的错综复杂加大了习得的难度并延长了习得的过程。学生因为没有掌握好"起来"的意义和用法，便采用较为简单的或者已经掌握了的形式来代替"VP＋起来"。到了高级阶段，这两类偏误数量减少，说明随着水平的提高，对于学生来说，"VP＋起来"的难度降低，成为一种相比其他形式更为简单的结构形式，因此学生也就消除了回避的心理。

（4）VP选择错误这个偏误类型在初、中、高三个阶段呈现递减趋势。对"起来"语义的理解与否决定着对VP选择的正确与否。而学生可以选择的VP种类和准确度是与其已学学时和汉语水平等级成正比的。

2.2 从"起来"的不同义项看偏误分布特点

（1）"起来1"比"起来2"、"起来3"的偏误数量少，"起来2"和"起来3"没有明显的差异。"起来"的结果义和时体义是趋向义语法化的结果，对于学生来说，难度比较大。

（2）"起来1"基本上出现在每个偏误类别里，在"起来"缺失、VP缺失和其他趋向补语误代这三类里数量最多，但是没有出现在体标记误代这个类别里。学生在习得"起来1"的时候，经历了一个过程：初期接触"起来1"，由于无法和母语一一对应，难以形成使用的意识，在接触了一段时间之后，很容易把"起来"直接用作动词，当学了很多趋向补语以后，会出现混乱阶段。

（3）"起来2"集中出现在"起来"缺失和VP选择错误这两类偏误类型里，没有在VP缺失和"起"误代这两类里出现。这说明"起来2"和动词的关系很密切，没有动词就无法有动作的结果。

（4）"起来3"集中出现在"起来"缺失和回避使用"VP＋起来"这两类偏误类型里，没有在VP缺失和其他补语误代两类里出现。和"起来2"一样，由于和动词关系密切，表时体义的"起来3"不能没有动词，因此VP缺失这类偏误出现的可能性不大。其他补语类型补充说明的要么是动作发生后的结果或变

71

化,要么是动作发生的数量和时量,语义比较明确,不会让学生产生混淆。

四、对教学的启发及建议

本文的研究结果表明,"VP + 起来"对于欧美学生来说,确实有难度。很多学生到了高级阶段,仍然会出现很多问题。这就要求教师在教学过程中重视这一难点,根据习得研究的结论,思考有针对性的教学方法,进行系统、科学的教学。根据本文的研究,我们相应地提出一些教学建议。

1. 加强汉英对比分析教学

偏误分析可以让我们更了解第二语言的习得过程和规律,从而使教学更有针对性,进而提高学习者的学习效率。从导致偏误的原因来看,母语的负迁移对学习者的影响很大。"VP + 起来"与英语中的"Verb + preposition"结构差异越小,学生越容易接受。"VP + 起来"的时空概念越特别,学生越难接受。因此,教师在教学过程中一定要注意汉英语言之间的差异,应能将"VP + 起来"与英语"Verb + preposition"的不同作出规律性的总结,归纳出一致和不一致的地方,以此来指导教学。

2. 对"起来"的讲解要结合 VP

"起来"与 VP 之间的搭配是存在一定的选择关系的。掌握了 VP 的语义特征,对于"起来"的选择就会容易一些。相反,掌握了"起来"三个义项的异同和使用条件,就可以找到适合的 VP 来搭配。这就提醒我们,在教学过程中可以加强 VP 的归纳性教学,帮助学生归纳可以与"起来"结合的 VP 类以及不能与"起来"结合的 VP 类,在可以结合的 VP 类中再细化出分别可以与"起来"的趋向义、结果义、时体义相结合的三个下属类。

3. 加强中高阶段的相近结构辨析教学

在归纳出来的偏误类型里,相近结构的误代所占的比例比较大,这要引起我们的重视。在汉语里,有些动词可以与多个趋向补语搭配并表示不同的意义,如"走"可以说"走上来"、"走过来"、"走下去"等,而"醒"只能说"醒过来",不能说"醒起来"、"醒出来"。学生在接触了各种形式的趋向补语以后,由于弄不清楚相近趋向补语的异同,很容易混淆。因此,在中高级阶段,教师要适时地进行语义辨析教学,循序渐进地指导学生明白同一个VP与"起来"结合形成的语义和与其他趋向补语结合形成的语义之间的差别。

4. 从认知角度讲解本义和引申义的关系

我们可以利用形象的图解来解释"VP + 起来"的基本趋向意义,让学生头脑中形成一些鲜明的画面,进而类推到引申义,帮助学生理解。

5. 采用"强制使用"的练习

这主要是针对学生回避使用本结构而采用的方法。教师除了安排学生完成课后的练习以外,还可以让学生定期提交习作,强制学生有意识地使用"VP + 起来"。然后,教师将收集来的作文中出现的错误进行归纳总结,找出有普遍性的错误并在课堂上进行有针对性的讲解。讲解之后还可以继续做一些练习加以巩固。

参考文献

[1] 孙德金.外国学生汉语体标记"了""着""过"习得情况的考察.第六届国际汉语教学讨论会论文选.北京:北京大学出版社,1999.

[2] 孙德金.外国留学生汉语"得"字补语句习得情况考察.语言教学与研究,2002(6).

[3] 王建勤主编.汉语作为第二语言的学习者习得过程研究.北京:商务印书馆,2006.

[4] 张厚粲.现代心理与教育统计学.北京:北京师范大学出版社,2004.

[5] Rod Ellis. *The Study of Second Language Acquisition*. Oxford University Press,1997.

(作者简介:刘佳,天津中医药大学国际教育学院对外汉语教学中心助教,硕士,毕业于北京语言大学,研究方向为对外汉语语法。)

AP中文考试特点分析
——兼与新汉语水平考试(HSK)比较

吴继峰　　王健昆

提　要　本文通过对2007—2011年AP中文考试试题的分析总结出该考试具有重文化、重语言的综合运用、基于任务的测试观、紧扣5C、三种交际模式并重的特点,并将该考试的口语测试部分与新HSK口试进行了对比分析。

关键词　AP　考试　对比

AP中文考试是一种新型的中文考试。2004—2005年,美国大学理事会成立AP中文专家小组,对AP中文课程和测试的相关内容进行了设计,2007年考试正式举行。国内学者从2006年起开始对AP中文课程和考试进行介绍。AP中文考试经过五年的发展已日趋成熟,通过对已进行的五次AP中文考试的内容进行分析,我们能更全面地考察其特点。笔者于2007年8月至2008年7月在美国密歇根州教授AP中文课程,并参加了2008年的AP中文考试阅卷工作,对AP中文测试的特点和评分标准有一定的了解。本文结合2007—2011年AP中文试题对其考试特点进行具体分析,并与新HSK口试进行对比,旨在吸取并借鉴AP中文考试的核心理念。

一、AP中文考试简介

AP(Advanced Placement Program)是美国大理会主持的教学项目,包括AP课程和AP考试两大部分,至今已有50年的历史,开设课程已有30多门。AP课程,是指美国中学生在中学阶段学习的大学课程,修学AP课程并通过AP考试者,即可获得大学承认的学分。AP课程和AP考试是美国教育体系中的一种精英教育,是优秀高中生学能的体现,也是大学选择学生的重要参考标准。

2006年秋季美国中学开设AP中文课程,2007年5月正式举行AP中文考试,现已举行了五次。AP中文课程和考试以美国《21世纪外语学习标准》(Standards for Foreign Language Learning in the 21st Century,以下简称《标准》)中的"5C"(Culture\Communication\Comparison\Community\Connection)为核心,以达到成功交际为目的,尤其强调学生的语言运用能力,体现了美国的外语教学理念,具有很大的参考价值。

关于AP中文课程和考试,国外和国内学者对其考试目的和方式、题型、难度、评分标准等方面进行了介绍（娄毅、朱瑞平，2006；姚道中，2007；曾妙芬，2007；罗青松，2009 等）。为节省篇幅，且因为 2009—2011 年 AP 中文试题题型有所调整，所以此处只对试题类型进行介绍（见表1），其他方面的介绍请参阅以上学者的研究。

表 1　AP 中文考试试卷构成（2007、2008）

Section	试题类型	试题数量	试题比重	答题时间
Section Ⅰ	选择题（Multiple Choice）	70	50%	80 分钟
Part A：Listening	回答（Rejoinders） 考查知识、技能：互动交际	10－15	10%	10 分钟
	通知（Announcement） 对话（Conversation） 说明（Instructions） 信息（Message） 报告（Report） 考查知识、技能：理解诠释	15－20	15%	10 分钟
Part B：Reading	广告（Advertisement） 文章（Article） 电邮（E-mail） 信（Letter） 笔记（Note） 海报（Poster） 迹象（Sign） 故事（Story） 考查知识、技能：理解诠释	35－40	25%	60 分钟
Section Ⅱ	自由作答（Free Response）	12	50%	85 分钟
Part A：Writing	故事叙述（Story Narration） 考查知识、技能：表达演示	1	15%	15 分钟
	私人信件（Personal Letter） 考查知识、技能：表达演示	1		30 分钟
	电邮回复（E-mail Response） 考查知识、技能：互动交际	1	10%	15 分钟
	转告电话留言（Relay Telephone Message） 考查知识、技能：互动交际	1		6 分钟
Part B：Speaking	对话（Conversation） 考查知识、技能：互动交际	6	10%	5 分钟
	文化演讲（Cultural Presentation） 考查知识、技能：表达演示	1	15%	7 分钟
	制定计划（Event Plan） 考查知识、技能：表达演示	1		7 分钟

说明：此表译自美国大理会网站 http://apcentral. collegeboard. com。

从上表可知，2007、2008 年的 AP 中文考试分为两部分：第一部分为选择题（客观题），侧重考查应试者的汉语理解能力，即听和读的能力；第二部分为自由作答题（主观题），侧重考查应试者的语言应用能力，即说和写的能力，两个部分各占试题分值的 50%。

2009、2010、2011 年测试题型进行了调整，"自由作答（Free Response）"中的 7 种题型被精简为 4 种：口语（Speaking）部分中的"对话（Conversation）"、"文化演讲（Cultural Presentation）"，以及写作（Writing）中的"故事叙述（Story Narration）"和"电邮回复（E-mail Response）"。自由作答部分的题型大都采用基于任务的测试模式，考查学生实际运用语言的能力。

二、AP中文考试特点分析

2007 年 5 月进行了首次 AP 中文考试，娄毅、朱瑞平（2006）根据美国大理会的《AP 汉语与文化课程概述》（AP Chinese Language and Culture Course Description，以下简称《概述》）给出的样题归纳了 AP 中文考试的三个特点：考查的重点是考生运用语言的综合能力，而不是单方面的语言知识；三种交际模式并重，尤其突出交际模式下的语言运用；重视文化内容。

到目前为止，AP 中文考试已举办了五次，根据五年的试卷内容能发现 AP 中文考试的一些新的特点。笔者拟从以下几方面谈谈 AP 中文考试的特点，也为前面两位学者的研究提供一些资料的支持，并进一步细化，做一些补充。

1. 考查学生的语言学习能力和综合应用能力

通过表 1AP 中文考试题型的设置，我们可以看出 AP 中文考试的考查重点是考生运用语言的综合能力。从听、说、读、写四种技能角度来看，AP 中文考试的听、说、读、写四技能各占 25% 的比例；从三种交际模式来看，各占比例是：互动交际模式 30%、表达演示模式 30%、理解诠释模式 40%。AP 中文考试客观题和主观题各占一半，三种交际模式并重，着重语言的交际性和实用性。

AP 中文考试的这一特点实际上与 AP 中文课程的培养目标是相关的，《概述》指出：AP 中文课程对学生汉语熟练程度的认定标准是《21 世纪外语学习标准》提出的三种交际模式（互动交际、表达演示、理解诠释）和五大目标（交际、文化、贯连、比较、社区）。在 AP 课程中，学生自始至终都要通过三种交际模式发展其语言能力。从表 1 我们还可以看出，AP 中文课程重点突出语言的交际功能，不按传统的听、说、读、写四种技能分类，而是从交际模式的角度分类，把四种技能分散到每一种模式中去。AP 中文试题具有科学性和实用性，因为学习语言的最终目的就是要成功交际，而语言交际的形式是互动的、真实的，所涉及的内容是丰富的、广泛的，所应用的语言技能是连贯的、综合的，三种交际模式涵盖了四种语言技能，并生动地反映了社会现实。

2. 语言、文化并重，文化特色明显

我们来看 2007—2011 五年 AP 中文试题"自由作答（Free Response）"的口语部分所考查的文化问题，见表 2。

从表 2 我们可以看出，AP 中文考试把文化部分作为一个很重要的考查内容，文化部分占有全卷 1/4 的分值比重，虽然 2009—2011 年取消了"制定计划（Event Plan）"的题型，但是文化部分的分值仍占全卷的 1/4。测试内容涉及中国文化的方方面面，如饮食文化、艺术形式、休闲方式等，突出了 AP 中文考试语言与文化并重的特点和培养交际能力

表 2 "自由作答(Free Response)"的口语部分

Section Ⅱ Part B:Speaking		对话 (Conversation)	文化演讲 (Cultural Presentation)	制定计划 (Event Plan)
2007	试题主要 内容	在中国初次见面的寒暄方式以及回答技巧	选择中国的一个社会习俗(如初次见面、做客等),描述这个习俗并说明它的意义。	你有一个机会设计在学校举办的中国新年集会,请说明你将怎么做和为什么这样做。
	分值比重	10%	15%	
2008	试题主要 内容	中国的饮食文化和餐桌礼仪	选择中国的一个城市(北京、上海、台北等),请描述这个城市并说明它的重要性。	你有一个机会设计一些活动,去帮助来美国高中参观的中国高中生代表团,请说明你将做什么和为什么这样做。同时要保证你的演讲内容应反映对中国文化的认识。
	分值比重	10%	15%	
2009	试题主要 内容	接受一家中文报纸记者的采访,谈谈学习汉语的经验	选择中国的一种艺术形式(书法、京剧、剪纸等),请描述这种艺术形式并说明它的重要性。	无
	分值比重	10%	15%	
2010	试题主要 内容	有关去中国旅游的问题(名胜古迹、中国菜、纪念品等)	选择一个中国名人(姚明、关颖珊、马友友、成龙等),请介绍这位名人以及他/她在社会上的价值。	无
	分值比重	10%	15%	
2011	试题主要 内容	作为学校"中国文化周"的志愿者,如何筹划活动?有哪些好的建议?	请选择一种中国的业余活动(武术、象棋、卡拉OK、乒乓球等),请描述一下这种活动,并说明它在人们生活中的意义。	无
	分值比重	10%	15%	

说明:材料原文引自 http://apcentral.collegeboard.com,由笔者自译。

的目标。这与 AP 课程的主要目标是一致的。《AP 语言与文化课程教师指南》指出：AP 课程的主要目标是在完整的文化框架下培养学生的综合语言技能(听、说、读、写)，在该课程中，语言技能和文化理解应相互补充、相辅相成。无论在什么时候教授语言，都应该在一个社会、文化和语用适当的情境中进行。

3. 基于任务的测试观

对于"任务"，Michael Long、Richards、David Nunan、Peter Skehan、Ellis R. 等学者有不同的界定，本文采用 Ellis R. 的定义，即"任务是那些主要以表达意义为目的的语言运用活动(Tasks are activities that call for primarily meaning-focused language use.)"[①]

AP 考试重视考查学生的语言实际运用能力，而任务型教学理念也同样重视学生的实际运用能力，所以 AP 中文考试特别是主观题部分"在内容和形式上都反映出对应试者语言能力、文化知识、个人认知水平以及完成具有真实性和交际性任务的能力的充分关注。"[②]此外，AP 考试对主观题口语部分的评分没有仅仅局限于语音、词汇、流利度等单项标准，而是要看考生是否顺利完成了交际任务。这种评分方式将单项标准和任务完成情况进行了整合，以全面考查学生的语言知识和语言运用能力。

3.1 强调任务的试题编制

我们来看主观题"自由作答"中的口语部分，2007—2008 年这部分有"对话"、"文化演讲"、"制定计划"三种题型，2009—2011 年保留了前两种题型，涉及采访、介绍等任务方式。如 2011 年 AP 中文考试的"对话"题：

你将和张慧有一段对话，她是你们学校"中国文化周"的组织者，你们将讨论关于自愿帮助计划周末活动一事。

你好！请先谈谈，你为什么有兴趣来帮助我们准备中国文化周的活动？

(20 seconds)

在文化周中，我们想组织一次比赛。你觉得什么比赛最有意思？为什么？

(20 seconds)

我们也要安排一次歌舞表演。你认为应该在哪里举办？说说你的理由。

(20 seconds)

除了这些以外，你觉得我们还可以组织什么活动？为什么？

(20 seconds)

你觉得怎么样才能吸引更多的人来参加文化周的活动？

(20 seconds)

你希望来参加这些活动的人对中国文化会有什么新的认识或了解？

(20 seconds)

此题共有 6 个小问题，每个小问题考生有 20 秒的回答时间。本题通过组织"中国文化周"的活动考查学生的中国文化知识。"组织什么比赛、在哪里举办、怎么才能吸引更多的人参加"等问题都是紧紧围绕"中国文化周"的主题展开，模拟真实生活中的"任务"，考查学生综合运用语言完成真实性交际任务的能力。这与传统的基于语言要素和语言技能的考试有很大的区别，此任务达到了交际和解决问题的目的。此任务的内容是有语境的，是真实的语言材料，需要综合运用语言知识和技能；任务的形式是对话、交流、协商，模仿真实语境。这完全符合 AP 中文考试的宗旨，即考查学生运用语言解决实际问题的能力。

3.2 评分标准

我们以 2011 年 AP 中文考试口语部分"对话"题的评分标准为例，来分析基于任务的评分标准，见表3。

表3 对话(Conversation)评分标准(节选)

	任务完成 (Task completion)	口头表达 (Delivery)	语言运用 (Language use)
6分 优秀 (Excellent)	• 表达直接,回答深刻、准确,表述具体、详尽 • 语句连贯自然	• 语速、语调自然,很少犹豫、重复。 • 发音(包括声调)准确,错误极少。 • 语体恰当	• 词汇、惯用语丰富恰当,错误极少。 • 语法结构广泛,错误极少。
0分 不能接受 (Unacceptable)	• 仅仅重复问题 • 不回答所问问题;回答和所问问题毫不相关 • 不用普通话回答 • 空白(尽管录音设备一直在工作)或者只有叹息声		

说明:材料原文引自 http://apcentral. collegeboard. com,由笔者自译。

从表3可知,口语部分"对话"题的评分标准包括任务完成、口头表达、语言运用三大部分,对语言知识、语言能力、任务完成情况进行总体评价。笔者于2008年参加了AP中文考试此部分的阅卷工作,评分时评价维度主要是看考生是否完成了交际任务。如果完成任务较好,有个别差错,分数一般在4～5分左右,但是如果没有完成交际任务,有答非所问之嫌,即使语音、语调再好,词汇再丰富,一律在0～2分之间。可见在实际评分过程中,决定因素是任务完成情况。

4. 测试内容紧扣5C,三种交际模式并重

《标准》中的"5C"(Culture\Communication\Comparison\Community\Connection)是全美外语学习的目标。5C既相互区别又互相联系,其关系如图1所示。

《概述》提出:"AP汉语与文化课程对学生汉语熟练程度的认定标准是三种交际模式以及五大目标。在AP课程中,学生自始至终都要通过三种交际模式发展其语言能力。"

"交际"(Communication)是指用非英语的语言沟通,包括互动交际、理解诠释、表达演示三种模式,它是培养语言能力的关键,是

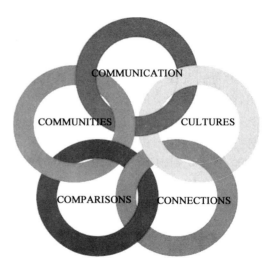

图1

五项目标的核心。"文化"(Culture)是指获取并理解相关文化知识。"贯通"(Connection)是指能与其他学科相贯连,并获取信息。"比较"(Comparison)是指培养洞察语言和文化特质的能力。"社区(Communication)"是指能够参与国家和世界的多语言社区活动。

AP汉语与文化考试命题紧扣5C,命题的形式和内容都能深刻反映出这一点,例如上文所述的2011年"对话"试题,这一试题的出题思路就源于5C。此题采用问答、对话形

式,强调的是5C中的"交流",考查学生通过互动交际来完成任务的能力;组织中国文化周,设计活动,考查的是学生对5C中"文化"的了解,以及实现"贯通"的能力;最后一问"你希望来参加这些活动的人对中国文化会有什么新的认识或了解"是和以往对中国文化的认识进行"对比"。从以上分析我们可以看出,这道"对话"试题以"中国文化周"为主题,在这一主题之下设计了很多小问题,如"什么比赛最有意思"、"在哪里举办"等,既考查了学生的互动交际能力、贯通能力和文化知识,也考查了学生的对比能力,通过一个主题将5C贯穿了起来。

三、AP中文测试口语部分与新HSK口试(高级)的比较分析

AP中文测试在测试性质、测试内容等方面与新HSK有很大不同。现以口语部分为例与新HSK考试进行对比分析。《概述》指出AP中文考试难度相当于美国一般大学二年级中文课第二学期的水平,即接受了总时数约为250小时的课堂教学达到的水平。同时参考2007—2011年五年的AP中文真题,我们可以大致判定AP中文测试的难度相当于新HSK的5级。新HSK5级对应的口试是新HSK(高级),所以我们选择新HSK口试(高级)和AP中文测试的口语部分做一下对比。

新HSK口试(高级)分为三个部分:第一部分"听后复述"(3题,7分钟),每题播放一段话,考生听后复述;第二部分"朗读"(1题,2分钟),试卷上提供一段文字,考生朗读;第三部分"回答问题"(2题,5分钟),试卷上提供两个问题,考生读后回答问题。满分100分,60分为及格。我们来看样卷:

第一部分

第1—3题　听后复述

第二部分

第4题　朗读

第三部分

第5—6题　回答问题

5. 你认为理想的生活状态是什么样的?请简单说说。

6. 有人认为辩论可以让双方取得一致的意见,有人认为辩论会使双方更对立。你怎么看?

说明:此样卷选自国家汉办/孔子学院总部编制的《新汉语水平考试大纲HSK口试》。

第一部分"听后复述"考查的是学生的理解能力和记忆能力;第二部分"朗读"考查的是学生的识字能力以及语音、语调的准确度;第三部分"回答问题"考查学生的语言组织能力。

我们再来看2010年AP中文考试主观题口语部分的试题(为方便读者更加直观地了解AP中文考试,此处截取了真题的两张图片)。

AP中文考试口语部分有两道题:第一题是"对话(Conversation)",考生在模拟对话中完成测试;第二题是"文化演讲(Cultural Presentation)",题目要求为"你将用汉语来完成一个话题,假设你在汉语课堂上进行演讲,首先,你将听到和看到你所演讲的题目,你有4分钟的时间准备,2分钟的时间录音,要确保你的演讲足够完整"。

Speaking Part Directions：Conversation

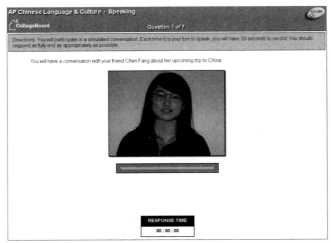

The following text is the simplified-character version of the recording script for the audio portion of the task shown in the previous screen image. Students heard this audio during the exam administration，but this text does not appear in the exam and is provided here for reference only.

N：You will have a conversation with your friend Chen Fang about her upcoming trip to China.

Speaking Question 1 of 7

WA：好久不见！最近在忙什么呢？

（20 seconds）

Speaking Question 2 of 7

WA：今年暑假我打算去中国旅游。中国好玩儿的地方很多，除了长城以外，还有哪个名胜古迹最值得去看？给我介绍一下吧。

（20 seconds）

Speaking Question 3 of 7

WA：在中国，我打算去很多地方看看。用什么交通工具比较好？为什么？

（20 seconds）

Speaking Question 4 of 7

WA：到了中国，我一定要尝些有名的中国菜。你觉得哪种菜最好吃？这种菜有什么特色？

（20 seconds）

Speaking Question 5 of 7

WA：去中国不能带太多行李。有哪些东西我一定要带？为什么？

（20 seconds）

Speaking Question 6 of 7

WA:我想给老师和同学们买些礼物回来。你觉得哪些礼物他们会比较喜欢？

（20 seconds）

（说明：为节省篇幅，繁体字版文本从略）

Speaking Part Directions：Culture Presentation

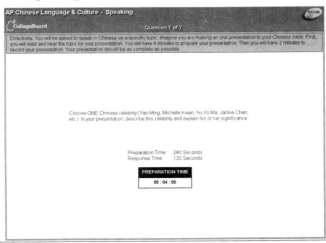

说明：以上 AP 中文试题皆来自 http://apcentral. collegeboard. com。

从 2010 年 AP 中文测试口语部分的真题，我们可以看出 AP 中文考试的以下特点：

（1）不管是"对话"部分还是"文化演讲"部分，都是紧紧围绕全美外语学习目标 5C 设计的。"交际"和"文化"是 5C 的核心。2010 年的"对话"试题，通过"交际"进行"文化"的交流，涉及中国的饮食文化、交通、名胜古迹、传统礼品等方面，既考查了学生的语言组织能力，又考查了学生对中国文化的了解。而新 HSK 口试(高级)样卷中，"听后复述"、"朗读"、"回答问题"都没有涉及中国文化的内容。

（2）AP 中文考试口语部分的设计采用的是基于任务的测试模式，将对语言和文化的考查融入到任务之中，考查的是学生运用语言解决实际问题的能力，而不仅仅考查学生的语言知识和表达能力，更具有真实性和趣味性。新 HSK 口试"听后复述"、"朗读"和"回答问题"测试的重点不在于考查学生完成任务的能力，而更侧重于语言要素的准确。

（3）AP 中文考试"对话"部分是学生根据录音回答问题，没有文本做参考，上面提供的文本在测试中并不出现，这是为了模拟真实语境。而新 HSK 口试第三部分"回答问题"是提供文本提示的，这就降低了测试的难度。

（4）AP 中文考试"文化演讲"部分，是用英文给出题目要求的，笔者认为测试者这样做是为了降低试题的难度。因为中国文化博大精深，有关文化的词语很多，学生可能知道其英语的表达方式而不知道其汉语的表达方式，如果题目要求用的是中文，学生可能因不了解题目的意思而无法回答。例如 2010 年的试题，如果采用中文命题，考生不一定知道"成龙"、"马友友"、"关颖珊"是谁，但是 Jackie Chan，Yo-Yo Ma，Michelle Kwan 是他们日常生活中经常听到的，用英语提问使他们用汉语完成此任务成为可能。再如 2011 年试题："Choose one Chinese leisure activity (martial arts, Chinese chess, karaoke, table tennis, etc). In your presentation, describe this leisure activity and explain its significance."如果采用中文命题,学生如果不理解"业余活动"、"武术"、"象棋"等词的意思就无法完成此题,限制了学生的表达。

四、结语

虽然 AP 中文考试起步较晚,但是它紧扣美国《21 世纪外语学习标准》中的五大核心主题(5C)进行设计,重交际、重文化的特色非常明显,而且实用性、趣味性十足,把语言知识、语言技能、文化知识和语言能力整合到任务当中进行考查。语言学习的最终目的就是运用,AP 中文测试符合当代语言教学的理念。相比之下,新 HSK 口试更偏重于测试学生的语言知识和语言能力,今后可往考查学生语言实际运用能力的方向发展,同时适当加大文化考查的比重,使语言和文化相结合,使语言测试更好地发挥作用。

附注

① 程晓堂.任务型语言教学.北京:高等教育出版社,2004,7:30.
② 罗青松.浅析 AP 中文考试成绩评定系统——兼谈 AP 中文课程与考试的相关性.语言文字应用,2009(2).

参考文献

[1] 陈绂.从 AP 中文课程看美国外语教学的标准.语言文字应用,2007.
[2] 陈绂.对国内对外汉语教学的反思——AP 汉语与文化课及美国教学实况给我们的启发.语言文字应用,2006.
[3] 陈绂.五个"C"和 AP 汉语与文化课教材的编写.语言文字应用,2006.
[4] 程晓堂.任务型语言教学.北京:高等教育出版社,2004.
[5] 国家汉办/孔子学院总部.新汉语水平考试大纲 HSK 五级.北京:商务印书馆,2010.
[6] 娄毅,朱瑞平.关于 AP 汉语与文化考试——兼与中国 HSK 考试、日本"中国语检定"考试比较.语言文字应用,2006.
[7] 娄毅.关于 AP 汉语与文化教材文化内容设计的几点思考.语言文字应用,2006.
[8] 罗青松.美国《21 世纪外语学习标准》评析——兼谈《全美中小学中文学习目标》的作用与影响.世界汉语教学,2006.
[9] 罗青松.浅析 AP 中文考试成绩评定系统——兼谈 AP 中文课程与考试的相关性.语言文字应用,2009(2).
[10] 王若江.关于美国 AP 汉语与文化课程中三种交际模式的思考.语言文字应用,2006.
[11] 吴继峰.美国密歇根州立大学网络 AP 中文教学项目的总体设计研究.北京:北京师范大学硕士学位论文,2009.
[12] 姚道中.汉语水平考试(HSK)与 AP 中文测试的比较.见程爱民,何文潮,牟岭主编.对美汉语教学论集.北京:外语教学与研究出版社,2007.
[13] 姚道中.超越美国的 AP 中文.汉语国际传播研究,2011.
[14] 曾妙芬.推动专业化的 AP 中文教学——大学二年级中文教学成功模式之探讨与应用.北京:北京语言大学出版社,2007.
[15] 张凯.语言测试理论与实践.北京:北京语言文化大学出版社,2002.
[16] College Board. *AP Chinese Language and Culture Course Description*, 2006.

(作者简介:吴继峰,北京师范大学文学院语言学及应用语言学专业在读博士生,研究方向为对外汉语教学;王健昆,北京师范大学汉语文化学院副教授。)

飞鸟时代至平安时代汉语
汉文化在日本的传播

吴丽君

提　要　公元六世纪至十世纪是中国的隋唐时期,而在日本恰逢飞鸟、奈良、平安时代①,当时,中日间的交流达到了鼎盛,日本政府为吸取中国先进的文化、技术,积极而全面地学习中国,先后向中国派出了五次遣隋使和十三次遣唐使,并有留学生和留学僧同行。中国扬州大明寺鉴真和尚六次东渡赴日,与其弟子用汉语为日本人讲经,也间接为汉语、汉文化在日本的传播做出了贡献。

关键词　圣德太子　隋代　遣隋使　遣唐使

一、圣德太子与中国隋代的交往

1. 飞鸟时代与隋朝

　　日本的飞鸟时代(日文平假名あすかじだい)约始于公元 600 年,止于迁都平城京的710 年,上承古坟时代,下启奈良时代。政治中心为奈良县的飞鸟地方(即当时的藤原京),并因此而得名。当时,中国的隋朝(公元581 年—618 年)结束了魏晋南北朝长期的分裂局面,实现了国家的统一,顺应了历史发展的趋势。隋朝的统一不仅开创了当时社会的繁荣局面,而且为唐朝的统一和繁荣奠定了坚实的基础。隋朝既是一个继往开来的朝代,又是我国历史上极为短暂的朝代,仅存世 37 年。

　　隋朝共有三位皇帝:高祖杨坚、世祖杨广、世宗杨侑。隋朝的盛世在中国乃至世界历史上是少有的,此时的中国国泰民安、经济繁荣、文化昌盛、幅员广大。隋朝疆域的辽阔宏大也是空前的,据《资治通鉴》②记载:"是时天下凡有郡一百九十,县一千二百五十五,户八百九十万有奇。东西九千三百里,南北一万四千八百一十五里。历代之盛,极于此矣。"这个时期是中华文化、政治、经济、外交等都非常兴盛的时期。隋朝的政治体制、文化等对其东亚邻国如新罗③、日本等都有较大的影响。

2. 圣德太子与汉学

　　隋朝统治的最后 26 年时值日本推古天皇在位。推古天皇于公元 592 年即位,翌年立外甥圣德太子为皇太子。圣德太子辅佐天皇摄行朝政,于公元 593 年登上日本政治舞台。中国隋朝与日本的交往均发生在圣德太子摄政期间。圣德太子自幼聪慧过人,曾随鞍作氏学习佛教和中国文化,有深厚的汉学修养。

他主张学习中国,重视发展日本与隋朝的关系。圣德太子辅政后即大力进行改革,即"大化改新",并遣使入隋,学习中国制度,后又派出留学生来华学习中国语言文化。他推行新政,制定冠位十二阶,颁布律法十七条,采用历法,编修国史,使用天皇名号,提倡佛教,建法隆寺、四天王寺。圣德太子著有《三经义疏》,为《妙法莲华经》《胜鬘经》《维摩经》三经作注,被尊为日本佛教始祖。圣德太子主持制定的《宪法十七条》作为政治准则,深受中国政治思想的影响。据考证,《宪法十七条》的出典是《诗经》《尚书》《论语》《左传》《礼记》《汉书》等大量的汉籍,这部宪法也是日本人学习汉语文与中国典籍的一个途径。

圣德太子在执政期间,积极与中国隋朝派遣使者通好,恢复中断了一个世纪的中日邦交。为学习佛法和中国文化、制度,圣德太子首创向中国派遣留学生的制度。这些留学生在中国经过长期留学,系统地学习和吸收了中国文化。公元 607—608 年,他两次派遣小野妹子作为使者出使隋朝,促进中日交往。值得注意的是,他一改过去日本统治者仰视中华、称臣朝贡、请求册封的姿态,谋求与中国的对等地位,提高日本的国际地位。

3. 遣隋使① 与学问僧

圣德太子重视发展与中国的关系,主张向中国学习。自隋文帝开皇二十年(公元 600 年)到隋炀帝大业十年(公元 614 年),圣德太子先后共派出了 5 批遣隋使,并有数名僧人随行来中国留学,史称"留学僧"。其间还两次派小野妹子(小野臣苏高)来隋朝。这些留学僧中有的人在中国留学达三十年以上,日本后来的大化革新政治,也有这些留学僧的贡献。

值得一提的是,大业三年(607 年),圣德太子派遣"遣隋使"小野妹子来华。据《隋书·倭国传》记载,小野对隋炀帝说:"闻海西菩萨天子重兴佛法,故遣朝拜,兼沙门数十人来学佛法。"当时,在日本国内,汉语汉文化已在社会生活中发挥重要作用,而圣德太子正是看到了这一点,才多次派遣僧侣来中国留学的。这是日本政府首次向中国派遣的官方留学僧侣,对于中日间的佛教界交流、汉语汉文化交流都具有重要意义。这些人要学习中国的佛法,当然首先应学习汉语,了解汉文化。这些僧侣在隋朝留学时间不等,有多人在华居留 10 多年,更有居留 30 年以上者。日本后来的大化革新,有这些学成归国留学僧的贡献。推古天皇十七年(609 年)秋,小野妹子返回日本,为了满足日本国内汉语文学习的需要,他奉命从中国选购了大量的中文典籍带回日本,这是华夏典籍输入东瀛的开端。

大量中文典籍的输入,对中国语言、文化、宗教等在日本的传播无疑起到了重要作用。

日本政府一方面派出遣隋使和学问僧,另一方面也注重国内的汉语教育,但仅限于上层社会,并未普及到普通的民众阶层。

二、遣唐使与汉语汉文化在日本的传播

1. 日本的奈良时代、平安时代与中国的唐朝

日本的奈良时代,始于迁都平城京(今奈良)的 710 年,止于迁都至平安京的 794 年。奈良时代的日本受到中国盛唐文化的影响,又通过唐朝接受到印度、伊朗的文化,从而出现了日本第一次文化全面昌盛的局面。遣唐使、派往中国的留学僧和留学生对于日本文化和美术的繁荣,起了极大的作用。日本全国大兴造寺、造佛像。堂皇的绘画、华丽的装饰艺术,今天仍见于奈良的寺院和正仓院宝物中。这个时期,日本文化方面的最高成就是《万叶集》。《万叶集》收集了 8 世纪中叶前的约 400 年间,下至庶民上至天皇所作的大约

4500 首和歌,如实反映了古代日本人的朴素的生活情感。此外,现在还保存着的日本最古老的历史书籍《古事记》(712 年)、最古敕撰历史书《日本书纪》(720 年)、最古的汉诗集《怀风藻》(751 年)等等都是这个时期的文化遗产。

平安时代是日本古代的最后一个历史时代,它从 794 年桓武天皇将首都从平城京(今奈良)移到平安京(现在的京都)开始,到 1192 年源赖朝建立镰仓幕府一揽大权为止。在奈良朝末期,朝廷与贵族势力之间的矛盾激化。为了削弱权势贵族和僧侣的力量,桓武天皇于 784 年决定从平城京迁都到山城国的长冈(今京都市),在那里筹建新都,命名为"平安京",希望借此获得平安、吉利、安宁与和平。由于平安京于 794 年完工,故史家常把 794 年作为平安朝的开始(有人把 784 年这一决定迁都的时间作为平安朝的开始)。平安时代因其首都的名字而得名。平安时代是日本天皇制度发展的顶点,也是日本古代文学发展的顶峰。在平安时代,武士阶层得到发展,到这个时代的后期,武士阶层从贵族手中夺取了权力,后来建立了幕府。平安时代日本与中国有非常密切的交往,在日本,儒学得到推崇,同时佛教得到发展。

唐朝(618 年—907 年)是中国历史上最重要的朝代之一,也是中国封建社会的鼎盛时期。李渊于 618 年建立了唐朝,以长安(今陕西西安)为都,共延续了 289 年,传了 19 位皇帝。唐朝在文化、政治、经济、外交等方面都有辉煌的成就,是当时世界上最强大的国家之一。唐朝的政治体制、文化等对东北地区少数民族建立的地方政权渤海国⑤,以及东亚邻国日本、新罗等都有很大的影响。唐之前,日本没有正式的国名,称为"倭",唐朝时更名为"日本"⑥。由于当时的中国政治稳定、经济繁荣,日本很愿意同唐朝往来,学习唐朝的先进的体制、文化,以促进日本社会的发展。

2. 日本的遣唐使

唐朝时期,中国和日本的友好往来和文化交流达到空前的繁盛。这时日本社会正处在奴隶制瓦解、封建制确立和巩固的阶段,对唐朝的昌盛极为钦佩和赞赏,因此多次向唐朝派遣使者、留学生和学问僧。

公元 631 年,日本派出了有留学生和学问僧参加的第一批遣唐使。截止到 838 年,日本派出遣唐使共十三次。唐初,日本派出的遣唐使团一般不超过二百人,从 8 世纪初起,人数大增,如 717 年、733 年和 838 年派出的三次遣唐使,人数均在 550 人以上。使团构成人员复杂,除了大使、副使、判官等主要官员外,还有译语、主神、医师等人员,而且像隋朝时一样,往往还有留学生、学问僧同行。这些遣唐使致力于学习唐朝的典章制度和思想文化,并在日本普及推广,于是中国文化对日本社会的影响日益广泛,连朝廷官职也多模仿唐朝名称,在建筑、风俗、朝服等生活方面也是唐风盛行一时。

为了吸收中国的文化成果,日本选派了不少留学生来唐学习,他们被派到长安国子监学习各种专门知识。如阿倍仲麿(汉名晁衡),在唐玄宗开元五年(717 年)随第九批遣唐使来华,他擅长诗文,长期留居中国,在唐历任光禄大夫、秘书监等职。他与著名诗人李白、王维等人来往密切,常作诗互赠。唐代的国子监有六学:一曰国子学,二曰太学,三曰四门学,四曰律学,五曰书学,六曰算学。可见,这些日本留学生在学习汉语技能、提高汉语水平的同时,还系统地学习了中国典籍、文化礼仪等,接受了正规的中国传统教育。他们回国以后,对中国语言文化的传播无疑起了十分重要的作用。

值得一提的另一个人物是日本留学生吉

备真备(695—775)。吉备有深厚的汉学修养和良好的汉语口语表达能力。日本在汉字传入前没有自己的固定文字,以刻木、结绳为记事方式。吉备创造了日语的片假名,结束了日本没有民族文字的历史,做出了重要的历史贡献。所谓片假名,是根据汉字偏旁创造出来的文字,"取汉字偏旁以假其音"⑦。可以说,正是在当时中日交流非常深入的大环境下,才得以产生像吉备这样精通汉语,而且理解汉字精髓的人才。

历任遣唐使都是日本国内的知名学者,随行的学问僧和留学生也是经过选拔的优秀人才,他们在学习中国的文化、制度和先进技术之外,还带回了诸如《唐礼》、《大衍历经》、《乐书要录》等大量的珍贵书籍和美术工艺作品。当时,求取书籍和佛经甚至成为日本人入唐留学的重要目的。将藤原佐世编于9世纪的《日本国见在书目》⑧记载的汉籍与《隋书·经籍志》、《旧唐书·经籍志》相对照,可以统计出当时日本国内流传的汉籍已经占中国文献典籍的一半左右。

3. 赴日的唐朝僧侣

大批日本僧侣随着遣唐使先后来唐,与唐朝的僧侣结下了友谊。他们盛情邀请唐朝僧侣赴日,于是出现了大批赴日的唐朝僧人。他们到日本宣讲佛法,传播中国语言文化。在这些唐僧中,最为有名、贡献最大的当推鉴真和尚。

鉴真,俗姓淳于,扬州江阳县人,出生于公元688年,十四岁时到扬州的大云寺出家,后来成为律宗一派的大师,并在扬州的大明寺(即今法净寺)讲授戒律。唐开元二十一年(733年),日本僧人荣睿、普照等人随第十次遣唐使到中国来游历学习。唐天宝元年(742年),荣睿、普照等人到了扬州,请求鉴真东渡日本传授戒律。鉴真其时已五十五岁,他认为"日本是和佛法兴隆有渊源的国家",于是

接受了邀请。接着,便开始东渡日本。东渡的前五次尝试均以失败告终。在此期间,鉴真一行中的日本僧人荣睿和鉴真的大弟子祥彦因病去世,鉴真自己也由于暑热患上了眼疾,以致双目失明。公元753年冬,双目失明的鉴真已经六十五岁,从扬州开始了第六次东渡之旅。鉴真一行历尽艰辛,终于在753年末到达日本,在日弘扬佛法达十年。鉴真和他的弟子们为日本僧人讲说经论时使用的是汉语⑨,在传播佛法的同时也传播了汉语、汉文化,这也使得当时日本相当一部分僧人通晓汉语。鉴真和尚不仅为中日两国佛教文化的交流做出了巨大的贡献,而且也对汉语、汉文化的传播起了重要作用。

4. 日本政府采取的汉语教育措施

当时的日本政府钦佩唐朝的繁盛,重视与唐朝的交流,也极为重视国内的汉语学习和汉语人才的培养,为此,先后推出了一系列有力措施,特别是推行了学校教育。

天智天皇(662—671)初年,日本开始开设学校⑩,教授课程以汉字、汉文为主,学习儒家经典,规模都不太大。到7世纪末文武天皇时,学校规模扩大,出现了"大学"和"国学"。大学隶属于式部省,有等级分明的管理队伍和教师队伍。比如音博士负责校正学生的汉语发音。国学则是各地方属国建立的学校,隶属国司,以讲授中国历史和中国诗文为主。大学毕业称为"学人",国学毕业称为"贡人"。

学校教育不但要培养人才,而且要选拔人才。学人、贡人参加式部省的考试——"登庸试",合格者可获得相应的官职。考试的科目有四科:秀才、明经、进士、明法。每科均有不同的考试内容,包括文学、经书、法律、实务等方面。日本当时的考试制度也是参考了唐朝的科举制度而制定的。

除了官办的学校之外,还有一些私学、私

塾,以认读汉字、讲授经书为主。

当时的教材基本是中国的儒家经典和史书类。日本的汉语教师有严格的等级规定。教师队伍中既有日本人,也有中国人,既有随遣唐使回国的留学生、学问僧,也有赴日的唐朝僧侣。这些人都活跃在日本的各类学校中。

从学校建立,到师资队伍、管理队伍,再到教材、考试制度,可以说,当时日本的汉语文教学体系已经初具规模。

附注

① 王晓秋.《近代中日文化交流史》.中华书局,2000 年,第 10 页。

② 《资治通鉴》是中国历史上第一部编年体通史,由北宋名臣、史学家司马光负责编纂,历时 19 年,全书共 294 卷,约 300 万字。记事上起周威烈王二十三年(前 403 年),下迄后周世宗显德六年(公元 959 年),前后共 1362 年。《资治通鉴》的内容以政治、军事和民族关系为主,兼及经济、文化和历史人物评价,目的是要通过对事关国家盛衰、民族兴亡的统治阶级政策的描述,以警示后人。

③ 新罗(公元前 57 年—公元 935 年)为朝鲜半岛古国,最初由辰韩朴氏家族的朴赫居世居西干创建。660 年和 668 年,新罗先后灭亡百济和高句丽,统一了朝鲜半岛大部。935 年被高丽所灭。新罗于 6 世纪初制定国号,取"德业日新,网罗四方"之意。

④ 中国隋代时,日本推古天皇朝派遣到中国的使节团称为"遣隋使"。从 600 年(推古天皇八年)到 618 年(推古天皇二十六年)的 18 年间,日本至少派遣了 5 次遣隋使。到了唐朝,日本派遣到中国的使节团则称为"遣唐使"。

⑤ 渤海国(698 年—926 年)是以粟末靺鞨族为主体的中国古代地方民族政权。始建于公元 698 年(武则天圣历元年),初称"震国"。公元 713 年被唐朝册封为"渤海国"。由于谐音也称为"北邵国",与南方的南昭国相呼应。公元 926 年(辽太祖天显元年)被契丹国所灭,传国十五世,历时 229 年。

⑥ 欧阳修.《新唐书》(《二十五史》).上海:上海古籍出版社,1986。

⑦ 王利器.《文镜秘府论校注》.北京:中国社会科学出版社,1983,P. 105。

⑧ 《日本国见在书目》(一卷)由日本学者藤原佐世于宽平年间(889 年—897 年)奉敕编纂。此目成书于《隋书》和两《唐书》之间,共收隋及唐以前古籍 1568 部,计 17209 卷,模仿了《隋书》分类的结构和次序。此目对中国古典文献学、中国古代文学、中日文化交流史等的研究具有重要学术价值。

⑨ 木宫泰彦.《日中文化交流史》.胡锡年译.北京:商务印书馆,1980,P124。

⑩ 董明.《古代汉语汉字对外传播史》.北京:中国大百科全书出版社,2002,P407—408。

参考文献

[1] 安藤彦太郎.中国语与近代日本.卞立强译.北京:北京大学出版社,1991.

[2] 大庭脩.江户时代日中秘话.徐世虹译.北京:中华书局,1997.

[3] 董明.古代汉语汉字对外传播史.北京:中国大百科全书出版社,2002.

[4] 六角恒广.日本中国语教学书志.王顺洪译.北京:北京语言文化大学出版社,2000.

[5] 六角恒广.日本中国语教育史研究.王顺洪译.北京:北京语言学院出版社.1992.

[6] 六角恒广.日本近代汉语名师传.王顺洪译.北京:北京大学出版社,2002.

[7] 木宫泰彦.日中文化交流史.胡锡年译.北京:商务印书馆,1980.

[8] 六角恒广.中国語教育史稿拾遗.东京:不二出版,2002.

[9] 六角恒广.中国語教育史論考.东京:不二出版,1989.

[10] 六角恒广.近代日本の中国語教育.东京:不二出版,1984.

(作者简介:吴丽君,北京外国语大学中文学院教授,研究方向为汉语语用学、对外汉语教学理论、汉语教育史等。)

清代前期西方人学习汉语的
理念与方法初探①

——以瓦罗《华语官话语法》所记为例

高永安

提　要　与明末相比,清初的传教士学习汉语的范围有所增大,教学机构有所增加,汉语研究的焦点由语音转到语法,出现了验收汉语学习水平的考试。他们学习的对象有官话也有方言,但是强调先学官话,更加重视口语,采用全汉语授课。他们编写了语法书作为教材,重视语用教学。

关键词　清代前期　传教士　汉语　学习方法　理念

早期西方传教士的汉语学习,从明末到清末,不同时期在学习条件、环境、理念、方法上,都有各自的特点,因此,学者们对早期西方传教士学习汉语的历史做了分期。目前学者们的分期方法有三种:两种两分法,一种三分法。

两分法之一:分成早期、近代,分界点是1814年。分期的理由是(魏思齐,2008):

(1) 1814年8月7日耶稣会重新复会;

(2) 同年12月,巴黎大学法兰西学院创立了汉满语言与文学教席,由雷慕沙(Jean Pierre Abel-Rémusat,1788—1832)担任首席教授,西方汉学研究从而在欧洲大学中获得了地位;

(3) 1814年马士曼(Joshua Marshman,1768—1837)出版其 *Elements of Chinese Grammar*:*Clavis Sinica*(《中文语法基础:汉语钥匙》),1815年马礼逊(Robert Morrison,1782—1834)出版他的 *A Grammar of the Chinese Language*(1812年开始编写的《中文文法》,又名《通用汉言之法》或《中文法程》)。

上述三项可以作为西方汉语研究的早期与近代的分水岭。

两分法之二:张西平(2001、2003)虽然认为这段时间中前期跟后期的情况有很大不同,但没有给出传教士汉语学习历史的非常确切的分期时间。张西平提到的两个时段是明清之际、晚清两个时期,他的分界点是“礼仪之争”,但并不严格。也许是因为从明末到清末这段时间本身并不是很长,再进行分期势必会有支离之嫌。

目前没有人明确提出三分法,但是高永安(2008)从题目上就把明末从中分出去,那么,如果接受魏思齐(2008)将1814年作为分界点的说法,就把这段时间分成了明末、清前期、清后期三个阶段。本文采用这样的分法。

本文是继高永安(2008)讨论明末情况之后,进一步讨论清前期西方传教士的汉语学习。清朝后期的情况,以后再进行讨论②。与明末相比,清前期传教士的汉语学习有自身的特点。

一、明末西方人学习汉语的简况

按张西平(2005:204—206)的论述,明清之际西方人学习汉语的表现有四个方面:第一是有了较为稳定的教学机构和教材,第二是开始了将西方语言翻译成中文的工作,第三是入华传教士开始用中文著书,第四是入华传教士编写了汉语学习词典和语法书。高永安(2008:12—15)研究发现,明末传教士对汉语教师有严格的要求,他们的汉语学习基本上坚持读写并进的原则,重视汉字的学习,他们编制了专门的教科书和字典,他们对汉语语音的研究已经达到很高的水平。

二、清初西方人学习汉语的状况

"礼仪之争"后,耶稣会士来华传教受到限制,来华传教士中,其他教会人员增加,并逐渐取得优势地位,在汉语学习上成就显著。

Matthew Y. Chen(2003)认为,除了耶稣会士的汉语研究取得成果之外,"其实,Francisco Varo(万济国)的 *Arte de la lengua mandarina*(《华语官话语法》,1703 年)为第一本讨论汉语语法的书,他的道明会会友留下至少 30 本文法书及 57 本辞典或 *vocabularios*(词汇汇编)。"魏思齐(2008:6)罗列了 1900 年以前的道明会会士所著的语法教科书 11 种。

除了对官话的研究以外,方言研究,尤其是闽方言的研究和学习资料也很丰富。魏思齐认为,Martín de Rada(拉达,1533—1578)应该是第一个撰写汉语(闽南语)语法的外国人,他的第一部汉语语法书为 *Arte y vocabulario de la lengua china*(《中文词语与习得》)。魏思齐(2008:7—8)转引了 Henning Klöter 列出的 16 本 16—17 世纪传教士所编纂的闽方言资料。

清朝前期传教士编著的汉语研究资料,今天我们熟悉的,有下列这些:

卫匡国(Martinus Martint,1614—1661)的《中国文法》;

瓦罗(Francisco Varo)的《华语官话语法》;

白晋(Joachim Bouver,1656—1730)的《中法字典》和《中文研究法》;

马若瑟(Joseph de Premare,1666—1736)的《中文札记》。

1. 清前期传教士汉语学习的特点

通过学习,一些传教士的汉语达到很高的水平。明末的时候,传教士中像利玛窦、郭居静那样的人只在少数,但清初的时候,瓦罗的汉语水平相比他们有过之而无不及。《华语官话语法》③一书《英译出版前言》(下文简称《前言》)中说道:"他的汉语当属上乘,在传教士中间传为奇才。"(《前言》F8)瓦罗不但能够深通汉语语音,而且还精通诉讼语言。"早期文献明确提到他深得汉语发音的机奥。他还以掌握了公堂诉讼语言而著称于世,这种高度程式化的语言极难把握,传教士当中只有少数几人得以通晓。"(《前言》F8)诉讼语言由于有很多法律用语,又夹杂文言,所以,一般外国人更加望而生畏。瓦罗居然能够熟练使用这种语言,这不能不让同行折服。所以,多明我会托钵僧胡安·裴格罗(Juan Peguero,卒于 1691 年)也叙述道:"他的官话知识给人的印象极深,说起他的口才,同行们由衷地钦佩。他掌握高难度的公文语言,这也令他名扬一时;这种语言被用于官方场合,中国官员通常用它来处理诉讼事务。"(参见《华语官话语法》一书白珊所著《导论》,下文简称《导论》,F27)

由于瓦罗的高超的汉语水平,他还向新来的传教士传授汉语,"由于他那出色的语言技能,他被上级相中,担任新来教士的语言教师"(《导论》F27)。此外,他还编写工具书,而这被人们认为是他的汉语教学工作的延伸,"他也是一名热心的中文教师,除《华语官话语法》外,还编写过葡—汉、西—汉语汇"(《前言》F8)。

2. 教学机构增加

外国传教士来到中国传教,首先要学会汉语。明末的利玛窦等耶稣会士就把传教的据点都变成了学习汉语的场所,清初的传教士继续着这种做法。新到的传教士首先要学习汉语。"当多明我会士米格尔·贝纳维德斯和胡安先后于 1587 和 1588 年抵达马尼拉后,便被指派担任在菲律宾的宗教事务工作,

并投身汉语学习。"(《导论》F32)

瓦罗本人就是一名优秀的、尽职的汉语教师。"瓦罗在华38年,绝大部分时间在闽北传教。然而在1660年代后期的驱教事件中,他先遭监禁,后与各派教士多人同被放逐广州。在那里,他仍笔耕不辍,并坚持教学。1672年,他返回福建,至1674年终于在福州立稳足跟。从此,福州成为他拓展事业的据点,他的《华语官话语法》便成书于此,收笔之时为1682年2月18日。此书曾以手稿形式广泛流传,至瓦罗1687年1月31日谢世。"(《前言》F8)从瓦罗的这些事迹可知,他的汉语教学工作主要是在福建进行的,而且这里正是他传教的据点,他的汉语语法著作正是在他的教学工作之余写成的,也是他汉语教学工作的总结。

除了中国境内有教学机构,菲律宾成了一个重要的学习汉语的地点。"1648年4月,瓦罗一行自墨西哥阿卡普尔科(Acapulco)起程,于6月间抵达马尼拉。在此逗留一年,瓦罗学习了汉语。次年7月,由莫拉雷斯率领,瓦罗参加的一小支队伍从帕西格(Pasig)动身,于8月3日到达福建安海南面约三里的一处岬角。正是从这里出发,瓦罗与另外几名托钵修士向福安进发,正式开始面向中国的传教活动。"(《前言》F8)是不是每个要到中国传教的人都要在马尼拉学习一年汉语,还没有资料记载。但是,有不少传教士是在没有多少汉语基础时就被派到中国,然后在中国境内学习汉语的。

三、清初西方人学习汉语的理念与方法

1. 对汉语、汉字的认识日趋成熟

与明末传教士热衷于讨论汉语难学易学不同,清初的传教士开始讨论汉语是一种什么样的语言。首先,汉语有没有语法?瓦罗的回答是有,但根据他的转述,在他之前和在他同时,都有人主张汉语没有语法。"过去和现在,总有一些教士认为,中华帝国的通行语言即汉语没有语法和规则可言,其形式也不适合优美的文体。他们对此深信不疑,并以种种陈词滥调和轻蔑的嘲弄来断定这一点。"

(瓦罗,2003:3)

但是,当时传教士对汉语、汉字的认识还很模糊。瓦罗说:"汉语官话的发音和字母(letters)与欧洲语言的正好相反。因为在欧洲语言里,词的数目是无限的,字母则很有限,而在汉语里,字母或字符(characters)很多,音节则有限,其数目不超过364个。因此,为了能够表达出宇宙间绝大多数的事物、智力活动、内心情感以及事物的特性和本质等等,中国人赋予这些有限的音节以不同的声调,于是得到1525个音节。用这样的办法,依靠如此有限的词,使得汉语看起来像是一种蛮荒语言。但实际情况并非如此。相反,它是一种有着优美修辞的语言,利用大量的同义词来表示同一个事物。"(瓦罗,2003:10)这里,瓦罗把汉字与西方的字母对等起来,于是就发生了让他无法理解的现象:中文与西文相反。由于他急于在汉语的音节、汉字,与西方语言的字母、单词之间建立联系,所以,上面这段话听起来有点奇怪。这也直接导致他对汉语单音节词与多音节词、口语与书面语的关系进行这样的理解:"不过,它也有很多内在的含混不清和模棱两可;为了避免这些,中国人在日常交谈中往往采用两个同义的或复合的词来表达一个词的意思。在书面语中,这种情况就不那么常见,这是因为能够避免含混不清。"(瓦罗,2003)

2. 汉语研究的焦点由语音转到语法

明末耶稣会士研究汉语的著作以《西儒耳目资》为代表,那主要是音韵学著作,没有涉及语法内容。他们也没有其他有关语法的著作。白珊也认识到了这一点:"实际上,多明我会的托钵僧们既为标准汉语也为汉语方言编写了最早的描写语法(Gonzalez1955a,1956;1966)。而耶稣会士则相反,不大研究理论语法,其原因之一可能是,他们的教学体系有别于多明我会的托钵修士。后者的教学法体系具有口语传统,而新到中国的耶稣会传教士,则由更有经验并已掌握汉语的神父来教授(Lundbaek 1980)。对于汉语语法,耶稣会士的兴趣大概并不比多明我会士小,可

是他们习得和传授汉语的方法却是取另一条路子,即直接教授汉语,而不是广泛使用教科书。"(《导论》F30)

3. 更加重视口语学习

多明我会士学习汉语有自己明确的目标,就是为了传教。所以,在学习什么语体的问题上,他们几乎没有争论地认为,既然布道要用口语,而书面语只不过是可以用来炫耀语言能力的工具而已,那么,口语就是他们学习的主要语体了。瓦罗(2003:15)说:"虽然在初学阶段,通过和一个中国人交谈,可以从他那里学到一些特别的说话方式,但教士应该使自己限于用口语写作和学习口语,并且在学会了口语的用法后,用它们来布道。"学习的不但是口语,而且要在实际交际中学习,这种口语是来自生活、用于生活的。

强调口语的学习,同时还要注意说话时的措辞,提高自己语言的档次,这之间有一个矛盾。瓦罗(2003:15)说:"这样看来,就像谚语说的那样,从一个源头产生了两道指令,也就是:一方面要学习词语,另一方面要学习措辞和词序。只有通过这样做,才能实际掌握这种语言。如果我们的教士宁愿一个人呆在自己的小屋子里,而不去跟人交往并学习这些用语,那么很容易把它们遗忘。"

4. 官话与方言

耶稣会传教士在学习汉语的时候,他们已经观察到汉语有官话与方言的不同,他们选择的是官话,而不是方言。但多明我会就有所不同,他们是官话与方言并举。白珊说:"有关多明我会士语言研究的争议似乎是基于这样一个事实:他们所关注的主要是他们在华期间遇到的南方方言,特别是闽方言。然而,他们对中国官员阶层使用的那种语言即官话也有兴趣。"(《导论》F30)多明我会传教士之所以会重视方言,是由他们所生活和传教的地域决定的。他们要宣讲教义,就必须使用教民能听明白、能够使用的方言,而官话的使用范围是有限的。

由于方言在传教过程中有重要作用,传教士往往要在学习官话的同时,学习方言,而一些传教士的方言水平也很高。"据多明我会托钵僧胡安·裴格罗(Juan Peguero,卒于1691年)记载,在福安期间瓦罗埋头研究当地方言,同时也研究官话。……在1673年2月11日的一封信里,瓦罗自信地说,他还熟通福州方言。"(《导论》F27)

传教士如此强调方言的学习,并认为如果没有方言的基础,一个传教士的工作就简直不能展开:"一个教士被派到某个地方后,他应该学会本地话,这样才能成为一个优秀的教士,因为如果掌握不好本地话,他就不能布道或者规劝,也听不懂那些不能说官话的妇女和农夫的忏悔了。"(瓦罗,2003:19)

但是,瓦罗对官话和方言的学习并不同等看待,他认为,新的传教士应该首先学习官话,官话学好以后再学习方言。瓦罗(2003:19)说:"但立即去学它也不可取,最好是等到能够比较自信地说官话之后,再去学本地话,以免这两者都说不好。"在《华语官话语法》一书另一个版本中(美国国会图书馆手稿),这段话之下还有:"那时,对于教士们来说,学习这种乡下话便很容易,用不了多久就可以学会。这一点大家应该听从,否则官话和本地话都说不好。"

明末传教士对汉语方言的地域性已经有认识,他们知道汉语方言有层级不同:强势方言影响范围大,地方中小城市的方言又影响其周边地区。瓦罗(2003:18—19)记载:"在此我们还应该指出,中华帝国除了通用的官话之外,各个城市或乡镇还有不同的方言,他们称之为'乡谈'。这种话只有本地人才听得懂。"

基于对汉语官话、方言的这种认识,他们在选择中国人汉语教师的时候就有这方面的要求:要官话说得好,就应该是官话区的中国人。瓦罗(2003:18)记载下了他当时的思考:

但也并非任何一个中国人就能把音发好。只有那些资质好的说官话的人,例如南京地区的居民,以及来自其他操官话的省份的人,才能做到这一点。……因此,我们应该集中精力,只学那些以南京话或北京话为基础编纂的 *cabeçillas* 或词汇表。

5. 出现了全汉语授课和考试

耶稣会士和多明我会士的汉语学习方法并不相同。关于他们对待学习汉语语法的不同态度，白珊认为："对于汉语语法，耶稣会士的兴趣大概并不比多明我会士小，可是他们习得和传授汉语的方法却是取另一条路子，即直接教授汉语，而不是广泛使用教科书。"（《导论》F30）这一说法是有根据的。

为了更好、更快地学习、掌握汉语，多明我会士采取了全汉语教学，在教学过程中避免使用母语或学习者熟悉的语言，以使学习者在目的语环境中尽快学好汉语。白珊考证说："多明我会士通过为新教士开设语言课程来深入掌握语言。语言教学方法包括：只用对象语言，采取严格措施，禁止在语言课堂上或者课下自习时讲拉丁语或西班牙语。"（《导论》F31）

当时传教士的汉语学习在一定程度上已经比较成熟，以至于作为学习验收环节的考试形式已经产生。白珊考证说："1604年前后，建立了正式的考试制度，以测定教士们的汉语水平。"（《导论》F31）

6. 教材编写

明末传教士的汉语教材一般采用中国传统的经典，也有传教士自己的汉语著作。清代传教士的教材或中文读物稍微多一些，但还远谈不上丰富。菲律宾的汉语学习地点只有一些耶稣会士编写的中文读物。白珊考证说："他们手头有一些中文读物，可以用来学习语言，如利玛窦编的教义问答；此书1584年刊印于肇庆，由中国人带到马尼拉。"（《导论》F32）而且这些读物看起来好像就是他们为数不多的汉语教材。"对于贝纳维德斯、柯伯等早期传教士，掌握汉语是一项艰巨的任务。除了利玛窦的中文教义问答，大概没有多少资源能够帮助他们达到这一目的。"（《导论》F32—33）教材的缺乏是困扰早期传教士的难题，这也促使他们不得不尽快编写出自己的汉语教材。

除了以上中文读物之外，传教士也有可能利用中国作家的汉语作品来学习汉语。瓦罗有鉴于西方人学习语言时要掌握这门语言的作家作品，因此建议学习汉语时也要通过阅读中国作家的作品来提高汉语水平。"至于对汉语学习者，他进言道，要想认真地学好这门语言，最好是下功夫读（现代的）'西塞罗'或'小说'，即通俗小说。"（《导论》F48）

语法书的编写目的，正是为了帮助新来的传教士学习汉语。瓦罗说到他编写《华语官话语法》的目的时说："我考虑过这本册子对一个新来的教士有什么用处。以往，当他向一个老教士请教学习汉语的方法和途径时，会被告知既没有方法也无所谓途径。然后，老教士们会教给他错误的发音和声调。于是，当这个新教士被派到一个可以帮助他学习或者教他的中国人那里时，却发现彼此之间根本不能交流！这难道不会引起内心的烦恼吗？而借助于这本简单的册子，他就能避免这样的事情。尤其是，如果老教士们能够宽容、耐心地按着一定方法来加以讲解的话，效果就更好。"（瓦罗，2003：3）

7. 语用教学

认识到语法教学的重要性还不够，清初的传教士还知道语用教学的重要性。"在14—16章中瓦罗较细致地论述了官话礼貌用语及很多交谈中的礼仪与习惯。"（来静青，2005：8）瓦罗发现在语法之外还有两种重要的因素：样式（pattern）和韵味（gracefulness）。"要学会这种东西，除了通过与那些能够流利地说这种语言的人交谈来尽力模仿，没有别的办法。"（瓦罗，2003：13）

在学习中，瓦罗已经注意到了环境对语言交际的作用。而且，他还不自觉地把这种环境分为两类：语言环境和非语言环境。

首先是语言环境对于理解语言声音有帮助，单音节词语没有复合词容易理解，是因为复合词能提供更加确定的意思。其次，瓦罗还强调了说话时的语气、跟话题有关的背景材料对成功交际的作用。（瓦罗，2003：14）

为了使所说的语言优雅，学习者还需要学习汉语的措辞和词序。瓦罗（2003：16）说："为了保持牢靠的记忆，我们的教士不要忘记这一点：措辞和词序是汉语的精要所在，缺了它们就不可能正确地说这种语言。"

8. 词汇与汉字教学

学习汉语词汇时，复合词的学习可以利用单纯词进行推测。瓦罗发现在汉语复合词的组成要素之间有可以解说的语义关系，他说（瓦罗，2003：16—17）："当我们解释某个词（或者当我们学习生词）的时候，如果我们小心一点，那么就会发现，通过利用 cabeçillas 或词汇表，人们就能够轻松地把握一个复合词的意思。"很显然，这种通过分析复合词组成成分之间关系（理据）的"分解法"曾经帮助瓦罗成功地记忆了不少汉语复合词。

基于对汉语复合词的内部关系的认识，瓦罗还设计了一些学习活动，其中之一就是分析复合词内部关系。比如，他们尝试"把两个独立的、意义不同的词组合起来以表达一个事物的意思"（瓦罗，2003：16）。瓦罗很讲究学习词语的方法，认为只掌握了词语是不够的，还必须掌握这些词语的用法，这样才能在交际中灵活使用它们。（瓦罗，2003：14）

汉字教学一直是耶稣会传教士学习汉语的重要方面，但是多明我会传教士对待学习汉字则持保守的态度。他们认为，初学者不必在汉字上浪费时间，学习汉字不是那么重要的事情。（瓦罗，2003：15）

四、结论

清初的传教士很注意学习汉语的方法，他们懂得先去研究汉语，然后把理论应用到实践中去。他们也懂得学习汉语要跟学习其他东西一样，应该分步骤，循序渐进，一步一步达到掌握的目的。比如，瓦罗认识到了汉语声调有变调现象，但他并不主张学习者急于去掌握这些规则，因为初学时还是应该学习原来的声调。（瓦罗，2003：23）这说明，清初的西方传教士在学习汉语时，其认识是很成熟的。

瓦罗认为"汉语有三种说话的语体（modes of speaking）"。"第一种是高雅、优美的语体，很少使用复合词，怎么写就怎么说。""第二种语体处于高雅与粗俗之间的中间位置。""第三种是粗俗的语体，可以用来向妇人和农夫布道。"（瓦罗，2003：11）

显然，他所说的第一种语体，实际上是文言，是脱离口语的语体，只能在书写时使用。瓦罗在分析三种语体的时候，采用的分类标准也很有启发意义：最重要的是审美评价——高雅还是粗俗，然后是组成成分分析——单纯词还是复合词，最后是使用评价——是否可以在布道工作中使用。

可以说，在汉语学习方面，清初的西方传教士，比起明末传教士，对汉语有更深刻的认识，也有更多的实践经验。他们注重对语法、语用的学习，注重在实践中学习提高。

附 注

① 本文曾于 2009 年 12 月在北京外国语大学主办的"国际汉语教育史研讨会"上宣读，得到与会专家的指导，在此表示感谢！
②《清代后期西方人学习汉语的理念与方法》，在 2011 年 6 月索非亚大学孔子学院"丝绸之路"汉学国际研讨会上宣读，收入该会论文集。
③ 瓦罗. 华语官话语法. 外语教学与研究出版社，2003.

参考文献

[1] 高永安. 明末西方人学习中文的理念和方法探析. 语言教学与研究，2008（2）.
[2] 来静青.《华语官话语法》中文化教学观念的启示. 海外华文教育，2005（1）.
[3] 瓦罗. 华语官话语法. 北京：外语教学与研究出版社，2003.
[4] 魏思齐. 西方早期（1552—1814 年间）汉语学习和研究：若干思考. 辅仁大学天主教学术研究院华裔学志汉学研究中心研究报告，2008.
[5] 张西平. 西方人早期汉语学习史的研究初论. 海外华文教育，2001（4）.
[6] 张西平. 西方人早期汉语学习史调查. 北京：中国大百科全书出版社，2003.
[7] 张西平. 传教士汉语研究. 郑州：大象出版社，2005.
[8] Matthew Y. Chen. *Unsung Trailblazers of China-West Cultural Encounter*（中西相遇中未被赞颂的开路先锋）. 载于 Ex/Change（中国香港），2003（8）.

（作者简介：高永安，中国人民大学文学院副教授，主要研究领域为汉语音韵学、对外汉语教学。）

"2011 年国际汉语教育与
推广高层论坛"综述

"2011 年国际汉语教育与推广高层论坛"于 2011 年 10 月 22 日在北京外国语大学隆重召开。本次论坛由北京外国语大学中国语言文学学院主办,北京外国语大学汉语国际推广多语种基地协办,吸引了来自北京大学、中国人民大学、北京师范大学、北京语言大学等多所首都高校的汉语教育界专家和从事汉语国际教育专业硕士培养的一线教师。北京外国语大学中文学院院长魏崇新教授主持论坛,国家汉办师资处杨金成处长、赵燕清副处长、北京外国语大学副校长钟美荪教授出席了开幕式并讲话。

杨金成处长感谢北外创造了一个业内学者面对面、小规模交流的机会,并肯定了北外近年来在汉语国际推广和孔子学院建设方面取得的成绩,尤其表扬了北外依托专业特色、重视教学实践的专业硕士培养理念。他鼓励与会代表畅所欲言,为汉语国际教育硕士培养献计献策。接下来,钟美荪副校长向与会代表简单介绍了北外的办学特色和相应的汉语国际教育专业硕士培养情况。钟校长指出,北外正在经历着从"把世界介绍给中国"到"把中国介绍给世界"的转变,学校的汉语国际教育专业硕士人才培养也顺应时代要求,旨在培养有着外语、非通用语专业背景的国际汉语教育专业人才。

开幕式结束后,四位专家分别就"汉语国际教育课程设置和教学实践"、"对外汉语教学专业与汉语国际教育专业硕士培养的异同"、"海外本土汉语教师的培养机制"和"汉语国际教育专业硕士导师队伍建设"四项议题作了精彩的主题发言。北京大学张英教授在发言中介绍了北大在汉语国际教育课程设置、教学实践等方面的经验。北大注重培养中的专业化、国际化和"北大元素",针对留学生国际汉教硕士、全日制国际汉教硕士等五大类别的硕士生设计了不同的培养模式和课程安排。总的来说,必修课程以精为主,选修课程以特殊、有特色为主。然而,在教师、资源、经费等方面,北大的汉语国际教育硕士培养也遇到了发展瓶颈,同时还面临着学制过短、学生教育背景和需求差异较大等问题。其中有些问题是目前各大高校汉语国际教育专业硕士培养中的普遍问题。

北京师范大学朱志平教授重点讨论了对外汉语教学与汉语国际教育专业在培养环节上的异同。二者都以"培养课程"环节开始,"学位论文撰写"环节结束;而对外汉语教学专业课程与实习同时进行,汉语国际教育专业在这两个环节之间却面临一年的海外实习。这给专业硕士的培养带来了一些不可控因素,如学生海外实习时是否能获得与学位论文相关的资料、是否能与导师保持密切联系、是否能够保证论文的撰写时间和精力等。

朱教授认为,汉语国际教育专业硕士的知识结构应当具有一定深度并较为广阔,并且能够综合利用各种知识应对复杂多变的教学环境和教学条件,将知识转化为在异国条件下生存、生活和交流的手段。然而就目前的实际情况来看,课程设置中实践类课程比例上升后,带来了学生语言本体理论知识欠缺、教学法类课程不适应海外实际情况等问题。她认为,目前的培养方案需要在以下几个方面不断完善:夯实理论基础、搭建知识框架、关联海外实习、提高海外教学能力。

接下来,北京语言大学汉语学院的郭鹏教授就海外本土汉语教师的培养机制问题发表了看法,介绍了北语汉语学院与葡萄牙雷利亚理工学院联合培养汉语本科生、汉葡翻译专业研究生的经验,提出"一年在北京、一年在澳门、一年在葡萄牙"的中外联合办学模式是一种比较理想的海外本土汉语教师培养机制。他还指出,在当前的国际化背景下,海外本土汉语教师培养应当注意以下几个方面的问题:要认识到短时间内汉语教师仍以输出为主,因而海外本土华人是非常重要的群体;应当积极与海外大学的东亚部、中文部等沟通合作,不应各行其是;要处理好精英教育与大众教育、高级人才与普通人才、教师培养与汉学家培养的关系,高端人才的培养不能放松。

北京外国语大学孔子学院工作处张晓慧副教授,同时也作为汉语国际教育专业硕士教指委委员,介绍了专业硕士的培养现状和师资队伍建设的相关问题。她指出,汉语国际教育硕士专业学位的设立对于促进国际汉语教育与推广事业的发展具有重要意义。其中最重要的就是促进了国际汉语教育人才培养观念的转变。四年的专业建设发展中,各培养院校和师生对实践性的培养目标、培养模式等问题的认识逐渐清晰。但作为一种新

的人才培养类型,汉语国际教育专业硕士生培养也面临着一些困惑,如入学考试的内容与题型、课程设置、课程内容和授课方法、教材、实习指导、学位论文的选题与指导等。从师资队伍的现状来看,目前导师队伍成分几乎是清一色的国内大学教师,但其职业背景、教育背景多元,教学经历也各不相同,同时,一些导师还存在对科学硕士与专业硕士的区别、专业硕士的学位论文形式和研究方法认识不足的问题。最后,她指出培养专职导师、聘请一定数量海内外中小学优秀汉语或外语教师、开展导师全员培训等,都是加强汉语国际教育专业硕士导师队伍建设的有效途径,并提出了"提升认识,转变观念,明确目标,胜任岗位"等导师队伍建设的关键词。

下午进行的两场专题研讨中,来自各高校的代表各抒己见、畅所欲言。

第一场讨论主要围绕"汉语国际教育专业硕士导师队伍建设"、"汉语国际教育课程设置和教学实践"、"汉语国际教育专业硕士的论文写作与指导"三个问题进行。北京语言大学刘珣教授从汉语国际教育学位发展历史、学科定位出发,指出汉语国际教育学位点来之不易,应该倍加珍惜;不同学科的研究没有高下之分,只有特色不同,对汉语国际教育专业硕士所做的调查报告、毕业设计,在要求标准上不应当和科学硕士的理论研究有所差别;在课程设置上,也应更加注重理论和实践相结合,提高硕士生综合素质,而不应一味强调实践。马燕华教授分析了近年来汉语国际教育专业硕士毕业论文的选题倾向,并指出在今后的论文选题中,导师可以引导硕士生往习得过程个案研究、汉语作为第二外语的习得规律研究等方向开拓。她还提出,应该建立将汉语国际教育专业硕士的论文研究转化为应用的奖励机制,鼓励本专业师生的研究积极性。中国人民大学的罗青松教授指出

了汉语国际教育硕士培养中海外实习的重要性,并表示不论是课程设置还是学生论文选题,都可以根据海外实习的要求和实际内容进行调整。陈晓明、杨德峰、王鸿滨、陈忠等专家学者也都就课程安排、教育培养中文化与语言的结合、论文选题确定时间、论文评价标准等细节问题发表了独到的见解。

第二场讨论主要针对"海外本土汉语教师的培养机制"、"对外汉语本科专业与汉语国际教育专业硕士培养的衔接"两个议题。北京外国语大学的朱勇副教授结合自己担任罗马大学孔子学院院长一年的经验,介绍了海外汉语教师教学案例库的建设。在海外本土汉语教师培养方面经验丰富的陈作宏、吴应辉、王鸿滨老师则分别就培养中的课程设置、论文要求、授课方法、实习方式等问题分享了自己的看法。谈及国内的汉语国际教育专业硕士培养现状,从事国际汉语教育管理工作的院长们普遍表达了对就业率低、从事专业相关工作的毕业生人数少、学制安排欠妥等问题的担忧。罗小东教授建议尝试对外汉语/汉语国际教育专业的本硕连读机制,或增强推免生比例,以增强教育的连贯性,巩固学生知识背景,减少人才和资源的浪费。马燕华指出汉语国际教育专业博士学位的建立已逐步提上议程,有望形成一套完整的人才培养体系。最后,代表们总结出:培养院校和硕士生导师应当具有公心、良心和恻隐之心,切实对国家事业长远战略、学生个人职业生涯发展负起责任。

一天的时间很快便过去了,在短暂的时间里,专家们的交流取得了丰硕的成果。论坛主持人魏崇新教授指出,小规模、高层次的经验交流有利于发现共同问题,促进问题的解决。专业硕士培养是汉语国际推广的重要环节,此次高层论坛的举办,将有助于推动国际汉语教学事业不断发展,从而进一步推动汉语走向世界。我刊将在接下来的几辑中分主题刊登论坛的优秀论文,欢迎各位读者继续关注。

(王祖嫘、彭芃　供稿)

English Abstract

On the Extension of China's Foreign Languages Capacity(Ⅱ) ························· 3

Abstract: From the perspective of national interests, this paper proposes to extend the capacity of China's foreign languages. With this mission in mind, the author analyzes the current problems on China's foreign languages capacity, probes into the progress and characteristics of foreign languages capacity of the Western countries, then offers suggestions on how to improve China's capacity on foreign languages in view of the new characteristics of the development of foreign languages capacity of the Western countries.

Key words: National capacity of foreign languages; National interests; Less-commonly-spoken languages

Reflections on the Training of Chinese Teachers' Adaptability by Country on the Basis of a Sino-French Comparison ························· 8

Abstract: Various countries and regions have their own characteristics in history, culture, language and education system. To teach overseas, the teachers not only need the teaching knowledge and skills, but also should be able to adapt to different countries and regions. Therefore, we should pay attention to the training of adaptability by country. From this perspective, this article develops ideas by comparing the focus of training of Chinese teachers in China and France, with a view to providing a useful reference to the teachers' training in the international context.

Key words: Continuing education; Adaptability by country; Comparison of teachers' Training in China and France

A Study of Teaching Plan Design in Training Pre-service Overseas Chinese Teachers ··· ························· 14

Abstract: Currently, the research on teaching plan design in training pre-service overseas teachers is relatively weak. There is hardly any research on teaching plans made by overseas volunteer teachers that teach Chinese to young learners. This paper, by conducting the method of content-analysis on teaching plans of 17 volunteer teachers and a questionnaire investigation on 10 volunteer teachers that have worked overseas for 1 year, aims to provide suggestions for how to train Chinese volunteer teachers in teaching plan design.

Key words: Volunteer teachers; Chinese teacher training; Teaching plan design; Teaching Chinese to young learners

Qualities for Full-time Teachers in Confucius Institutes ························· 22

Abstract: This paper holds the idea that full-time teachers in Confucius Institute should work with the attitudes of active cooperation and submission to collective interests. At the same time, they should also have the solid skills of teaching Chinese and be willing to deal

97

with some routine works. Compared with ordinary teachers of Chinese to speakers of other languages, full-time teachers in Confucius Institutes have distinctive characteristics. Thus the qualities for full-time teachers in Confucius Institutes should be widely discussed under the current circumstances of international Chinese education.

Key words: Confucius Institute; Full-time teacher; Quality

A Brief Research on the Chinese Language Program at University of Wisconsin—A Contemporary Case Study of Chinese Teaching in the U.S. ·· 29

Abstract: University of Wisconsin, Madison(UW) is a typical public university in the U. S. Chinese language program has been developed there for dozens of years and has grown to some scale and characteristics. This research, by observing and analyzing the Chinese language program at UW, attempts to discuss that Chinese teaching at UW not only follows a pedagogical tradition first created by Y. R. Chao when he taught at Harvard University in the early 20th Century, but also develops its own characteristics. Meanwhile, the problems that the Chinese language program is now encountering also tells that Chinese teachers and textbooks are significant for further development of Chinese program in some universities of the United States. This paper endeavors to present the current condition of Chinese teaching in universities in the middle and western part of the U.S. through a case study.

Key words: UW; Chinese teaching; Characteristics; Problems; Y. R. Chao

Basics and Teaching Strategies of Phonetics Teaching in Teaching Chinese as a Second Language ·· 36

Abstract: Based on recent developments in phonetic and phonological research, this paper proposes that Mandarin pronunciation teaching could benefit from the hierarchical structure of the phonetic system by choosing phonetic units suitable for the phonetic characteristics at each level as the focal point in pronunciation teaching. First, different stages of pronunciation teaching have different focuses: lower-division classes on tones, initials and finals whereas higher-division classes on stress and prosody. Second, choose the appropriate phonetic units as the basis of pronunciation training: syllable for initials and finals, disyllables for tones, and prosodic phrases and sentences for stress and prosody. Lastly, the suggested strategies include using meaningful words in pronunciation training, combining sound discrimination practice and production training, and supplementing intensive training with periodic consolidation.

Key words: Phonetics; Pronunciation teaching; Teaching strategy

Methods of Error Correction and Examples in Chinese Character Teaching ··············· 43

Abstract: Language learning is a repeated process of making mistakes and error correction, so error correction should be included into all the teaching stages. Language errors are a common task for teachers to solve in classroom, and dealing with errors has become one basic teaching skill of language teachers. In order to get good teaching results, we must take different methods according to different errors. Language error correction is a worthy topic for study that can maximumly benefit learners. In this paper, we present several methods of error correction in different stages of Chinese character learning in order to improve the Chinese character teaching as we all know that correcting one error can correct all the errors of the same kind.

Key words: Error correction; Chinese character teaching; Strategies; Methods; Examples

A New Textbook Design Model for Business Chinese—PACE ································ **49**

Abstract: This paper presents a new textbook developing model—PACE, which provides guidelines for Chinese language teachers to write textbooks for special purposes. The PACE model borrowed some proven procedures of products development and adopted successful practices of writing Chinese books for general purposes. It has the potential to address a key issue in business Chinese textbook development, that is, most Chinese textbook writers lack experiences of working in business environments. Throughout the paper, the textbook *Excellence in Business Chinese* is used as an example to demonstrate the PACE model.

Key words: Business Chinese; Textbook design; PACE model

An Analysis of the Vocabulary in the Corpus of Chinese Textbooks Used in Thailand ········ **56**

Abstract: This paper analyzes the vocabulary in 16 Chinese textbooks used in Thailand. In the first place, vocabulary of the textbooks is classified in accordance with *The Graded Chinese Syllables*, *Characters and Words for the Application of Teaching Chinese to the Speakers of Other Languages*. A statistical study has been made in terms of the vocabulary's levels, frequencies and syllables. It is found that the vocabulary appears to be more likely in form of disyllable with a declining amount and frequency of brand new words as the textbook level advances. Words at the popular level and intermediate level account for the majority; high-level words are less, while the number of vocabulary at exceeding level is relatively large. Finally, 145 words characterized by typical Thai culture are selected from the textbooks. The paper aims to provide some reference for the appropriateness and pertinence of the selection and classification of vocabulary in Chinese textbooks used in Thailand.

Key words: Thailand; Chinese textbooks; Vocabulary; Corpus

An Investigation of Acquiring Chinese Structure "VP + 起来" by European and American Students ··· **63**

Abstract: Based on the method of cross-sectional studies, this essay analyzes on the acquisition of Chinese structure of "VP + 起来" by European and American students after a questionnaire survey. The result of the questionnaire which include translation and choosing right and wrong shows how European and American students learn this structure. This paper involves three semantics of the structure "VP + 起来". Through the different statistical methods to analyze the 63 questionnaires answered by students of the elementary, intermediate and advanced levels of Chinese, we found an acquisition process of "VP + 起来" which include the unbalanced development in the different levels and unbalanced development between three semantics. Besides, we have summarized 5 kinds of errors from an error analysis—missing of "起来", missing of VP, wrong selection of VP, incorrect use of other structures and unwillingness to use "VP+起来". Based on this, the paper provides explanations and distribution analysis of these types of errors.

Key words：VP+起来；Acquisition process；Error analysis

An Analysis of AP Chinese Test and a Comparison with the New Chinese Proficiency Test（HSK）

Abstract：Through an analysis of the test papers of AP Chinese test during 2007~2011, we find that AP Chinese Test has the following traits：emphasizing a combined application of language and culture, task-based test view, keeping to 5C and emphasizing three communication models. Besides, we have made a comparison between AP Chinese oral test and the new HSK oral test.

Key words：AP；Test；Comparison

On the Spread of Chinese Language and Culture in Japan from Asuka to Heian Period

Abstract：The span from the 6th century to the 10th century saw Sui and Tang Dynasties of China, as well as Asuka, Nara and Heian Periods of Japan, during which communication between the two nations had reached a peak. Japanese envoys, along with students and monk students, had been dispatched to Sui 5 times and Tang 13 times to learn from China culturally and technically. Buddhist monk Jianzhen, from Daming Temple, Yangzhou, China, made 5 unsuccessful trips to Japan before he finally landed on Japan in the 6th time. He and his disciples preached in Chinese in Japan, which indirectly made contributions to the spread of Chinese language and culture in Japan.

Key words：Prince Shyotoku；Sui Dynasty；Envoys dispatched to Sui；Envoys dispatched to Tang

Study of Concept and Methodology of Westerners' Chinese Learning in the Early Period of the Qing Dynasty—Based on Francisco Varo's *Grammar of the Mandarin Language*

Abstract：Compared with the later years of the Ming Dynasty, there were more organizations and larger scope for missionaries to learn Chinese language in the early period of the Qing Dynasty. Their studies of Chinese focused not only on phonetics as before, but also on grammar. There was a test to evaluate their language level. The Westerners learned both Mandarin and dialects, but they learned Mandarin first and put more emphasis on oral Chinese. The teachers taught in Chinese in class and valued pragmatics teaching. Grammar books were compiled to facilitate teaching and learning.

Key words：Early period of the Qing Dynasty；Missionary；Chinese；Learning method；Concept

订 阅 启 事

　　《国际汉语教育》一年四辑，每辑均可单独订阅，也可按年度订阅。国内订户以人民币支付，每本定价15元；国外订户以美元支付，每本定价15美元。邮资另付。需订阅者请填写以下回执并寄回外语教学与研究出版社汉语分社。非常感谢您的支持。

《国际汉语教育》订阅回执

订户单位		联系人	
通讯地址		邮　编	
		电　话	
		E-mail	
年份、辑数	201____年度　第____至____辑	套数（全年订阅免邮费；单辑购买加收 20% 邮费）	
总金额	RMB(大写)_____万_____仟_____佰_____拾_____元 USD _____		
备　注	联系与汇款方式： 北京市西三环北路 19 号　　外语教学与研究出版社　　汉语分社 邮编：100089 传真：0086-10-88819401 电话：88819629 E-mail：litingliu@fltrp.com 联系人：柳立婷		